Carsten Knop

Big Apple

Carsten Knop

Big Apple

Das Vermächtnis des Steve Jobs

Frankfurter Allgemeine Buch

Bibliografische Information der Deutschen Nationalbibliothek
Die Deutsche Nationalbibliothek verzeichnet diese Publikation in der Deutschen Nationalbibliografie; detaillierte bibliografische Daten sind im Internet über http://dnb.d-nb.de abrufbar.

Carsten Knop
Big Apple
Das Vermächtnis des Steve Jobs

F.A.Z.-Institut für Management-,
Markt- und Medieninformationen GmbH
Mainzer Landstraße 199
60326 Frankfurt am Main
Geschäftsführung: Volker Sach und Dr. André Hülsbömer

Frankfurt am Main 2011

ISBN 978-3-89981-271-8

Ein Teil der Beiträge ist bereits in der
Frankfurter Allgemeinen Zeitung erschienen.

Frankfurter Allgemeine Buch

Gestaltung/Satz
Umschlag Anja Desch
Druck Messedruck Leipzig GmbH, An der Hebemärchte 6, 04316 Leipzig

Printed in Germany

myclimate neutral

Für Nicole, Felix und Julia

Inhalt

Unser Leben mit Steve Jobs

Man muss nur seine Kinder beobachten. Um zu erkennen, wie sehr sich die Welt durch Apple und den Einfluss seines Vorstandsvorsitzenden Steve Jobs in gut zehn Jahren verändert hat, reicht es, Kindern ein Mobiltelefon in die Hand zu geben. Hat es einen größeren Bildschirm, werden die Kleinen sogleich versuchen, mit ihren Fingern auf Symbole zu drücken. Mit Tasten oder gar einem Zahlenblock können sie intuitiv nichts mehr anfangen. Dabei ist das iPhone, mit dem diese Art der Bedienung eines elektronischen Geräts Einzug gehalten hat, noch keine fünf Jahre alt. Es hatte die Macht, einen ganzen Markt zu verändern und den bisherigen Marktführer Nokia in einen Überlebenskampf zu schicken. Das iPhone ist zum Markenzeichen eines neuen Zeitalters im Gebrauch von Mobiltelefonen geworden. Es hat uns zu vernetzten Menschen gemacht, die Welt wurde zum globalen Dorf. Das wäre früher oder später sowieso geschehen. Aber Apple hat diesen Prozess erheblich beschleunigt.

Man muss nur die Großeltern dieser Kinder beobachten. Eine immer größere Zahl von ihnen geht inzwischen sogar mit einem Tabletcomputer von Apple ins Bett, um dort die Zeitung des nächsten Tages zu lesen, Musik zu hören oder in einer virtuellen Bibliothek elektronischer Bücher zu blättern. Sie schwärmen davon, wie benutzerfreundlich die Geräte sind. Sie interessieren sich nicht für Wettbewerbsmodelle. Sie wollen ein iPad, nichts anderes. Denn ihnen, die nicht schon mit Computern groß geworden sind, war die Frustration der alltäglichen Wartung von Windows-Systemen immer zuwider. Zwischen Programmabstürzen und Virenschutzprogrammen wollte sich keine Freude einstellen; ihre Computer blieben stets Arbeitswerkzeuge. Und seitdem sie in Rente sind, haben sie auch keine IT-Abteilungen mehr zur Verfügung, die ihnen bei der Lösung von technischen Schwierigkeiten helfen könnten. Deshalb freuen sich über ein Gerät, das nach dem Einschalten einfach – funktioniert. Sie erzählen in ihrem nicht selten kaufkräftigen Freundeskreis begeistert davon. Sie unterhalten sich mit ihren Enkeln plötzlich über Videotelefonate, die Apple ebenso einfach möglich macht. Sie erschließen Apple den besten Kundenkreis, den man sich in der alternden Gesellschaft westlicher Länder vorstellen kann.

Man muss nur einmal in einen Apple Store gehen. Steht man in einer der Filialen, die Apple längst auch in immer mehr deutschen Städten eröffnet, kann man es sehen und angesichts des begeisterten Interesses der Besucher sogar im Wortsinn erleben: Apple ist in den vergangenen Jahren zu einem generationenübergreifenden Phänomen geworden. Um die Produkte, die auf den Holztischen aufgebaut sind, drängen sich zu beinahe jeder Uhrzeit Jung und Alt. An den Theken, die in den oberen Etagen oder dem hinteren Bereich der Verkaufsräume zu finden sind, den sogenannten „Genius Bars", geht ohne Termin gar nichts. Denn hier kann man Rat von jovialen und meist kompetenten Fachleuten einholen, kann die Schwierigkeiten klären, die auch bei der Nutzung von Apple-Computern ab und an unvermeidlich sind. Selbst die Plätze in den Computerkursen, die in den Geschäften stattfinden, um jeweils einem größeren Kreis von Kunden die Bedienung bestimmter Apple-Programme zu erklären, muss man frühzeitig reservieren. Hier lernen sogar Kinder ohne Computervorkenntnisse, wie man in einer Stunde elektronisch ein Lied komponiert und danach auf eine CD brennt, die man mit der Post an die begeisterten Omas und Opas schicken kann.

Die Vision von Steve Jobs, dass die Menschen ihre Computer eben nicht ohne jede Erklärung über das Internet bestellen oder von einem anonymen Stapel im großen Elektronik- oder gar Lebensmittelmarkt herunternehmen wollen, ist Realität geworden: Apple hat es geschafft, seinen Computern eine Seele zu geben.

Man muss nur einmal in die Zeitungen schauen. Kein anderes Unternehmen der Welt freut sich über so viel kostenlose Werbung in den Nachrichtenspalten, und das seit Jahren. Wo ein neuer Golf oder eine neue BMW 3er-Reihe im Vergleich nur pflichtschuldig erwähnt werden, liest man seitenweise über den jeweils jüngsten Auftritt von Jobs auf irgendeiner Apple-Veranstaltung in San Francisco, über die Produkte, die er dort vorgestellt hat, die Preise, die Lieferzeiten. So wird Werbung überflüssig. Ein Auftritt von Jobs ist immer eine Nachricht – und viele seiner Zuhörer scheint er dabei beinahe hypnotisieren zu können.

Zum Beweis folgen an dieser Stelle keine Werbeeinblendungen, sondern nur Zitate aus einem Bericht einer deutschen Wirtschaftszeitung über ein Produkt des Computerherstellers Apple. In der Autoindustrie würde man den Vorgang, um den es hier geht, lediglich als „Facelift“ bezeichnen. Denn beschrieben wird die überarbeitete Version des Tabletcomputers iPad, das iPad 2.

> „Es war eine einzige Demonstration der Macht, die Apple in San Francisco abgeliefert hat ... Die Konkurrenz sieht alt aus, bevor sie auf den Markt kommt ... Absolut phänomenal ... Nimmt man zum Vergleich noch den Vorgänger in die andere Hand, möchte man diesen am liebsten direkt auf Ebay einstellen und verkaufen, bevor es bald alle tun, die nicht durch langfristige Mobilfunkverträge gebunden sind ... Mal wieder typisch Apple: Der Gesprächs- und Neidstoff für die Kneipe oder den Besuch bei Freunden wird direkt mitgeliefert.“

Wer Steve Jobs in den vergangenen Jahren auf vielen Veranstaltungen in New York, in San Francisco oder in Paris erlebt hat, ihn zu einem persönlichen Gespräch traf, Kunden bei der Eröffnung eines Apple Stores oder dem Verkaufsstart eines neuen Produkts beobachtet hat, kann von sich noch immer nicht behaupten, den Schlüssel zur Erklärung des Phänomens gefunden zu haben, das sogar bei eigentlich neutralen Berichterstattern zu einem Rausch führt. Und wer dieses Buch liest, ein Tagebuch der goldenen Jahre des seit einiger Zeit sehr kranken Steve Jobs, wird kaum glauben, dass es Apple in einer Zeit nach Jobs gelingen wird, diese Faszination am Leben zu erhalten. Der Mann begeistert nämlich nicht nur, er polarisiert auch. Die Menschen können sich an ihm reiben, was aber auch nur wieder neue Aufmerksamkeit erzeugt. Jobs ist, so wie jedes neue, noch nicht auf den Markt gebrachte Apple-Produkt, ein Mysterium. Gern wird er als Genie beschrieben, auch als Egomane, gar als schlechter Mensch. Doch vieles von dem, was man so hört und liest, ist vermutlich nicht wahr – oder nur zum Teil, weil es übertrieben ist.

Denn anders als die Produkte, die er verkaufen will, stellt Jobs sich selbst nur bis zu einem bestimmten Grad ins Scheinwerferlicht der Öffentlichkeit. Antworten auf persönliche Fragen braucht man von ihm nicht zu erwarten. Vielleicht ändert sich das, wenn die von ihm autorisierte Autobiografie erscheint. Ich möchte aber die üblichen, tausendfach gehörten Charakterisierungen von Jobs meiden, wenn sie nicht aus persönlichem Erleben abzuleiten sind. Die Unterstellung, dass nach Jobs bei Apple alles zusammenbricht, ist auch sehr gewagt. Denn es ist jedenfalls möglich, dass Jobs' Überzeugungen inzwischen in das Erbgut seines Unternehmens übergegangen sind, dass sie über das Ende seiner zweiten Amtszeit als Apple-Chef hinaus fortbestehen können. Das war ihm 1985, als er Apple zum ersten Mal verlassen musste, noch nicht gelungen.

Nach seiner Rückkehr im Herbst des Jahres 1997 – und diesen Prozess beschreibt dieses Buch – hat er das radikal geändert. Jetzt stehen sie da wie ein Gesetz:

- der Glaube an die Einfachheit der Produkte,
- die Einheit von Hardware und Software,
- die Überzeugung, dass Schlichtheit schön ist,
- die Klarheit der Markenpositionierung,
- der Drang, technische Neuentwicklungen schnell einer breiten Masse zugänglich zu machen, die auf der Welt dafür vorhandenen Produktionsmöglichkeiten möglichst lange auszuschöpfen – und Konkurrenten dadurch den Zugang zu ihnen zu versperren.

Gewissheit zur Frage, was Apple nach Jobs macht, kann es ohnehin nicht geben. Sicher ist nur, dass der Konkurrent schon heute längst nicht mehr Microsoft heißt, was ohnehin das Unternehmen ist, das in einer schwierigen Zeit bis hin zu Softwareentwicklungsgarantien dazu beigetragen hat, dass Apple überhaupt überleben konnte. Das geschah, obwohl Steve Jobs Bill Gates (der den

Absprung aus der aktiven Tätigkeit für Microsoft längst geschafft hat, ohne dass sein Unternehmen untergegangen wäre) angeblich hasst.

Nein, der neue große Wettbewerber von Apple heißt Google – und das nicht wegen seiner Internetsuchmaschine, sondern wegen seiner Betriebssysteme für internetfähige Smartphones, Tabletcomputer und jetzt auch für Notebooks. Der frühere Google-Vorstandsvorsitzende Eric Schmidt jedenfalls hat den Verwaltungsrat, das Aufsichtsgremium von Apple, aus Wettbewerbsgründen längst verlassen. Auch das ist Teil dieser Geschichte.

Dieses Buch ist das Tagebuch mancher Begegnung mit Apple und Steve Jobs, aus der Nähe und aus der Ferne. Es ist eine persönliche Bilanz der vergangenen Dekade, eine Bestandsaufnahme, die stets auch in die Zukunft der Informationstechnologie und unseres Umgangs mit ihr blickt. Deshalb werden auch branchenfremde Unternehmen wie Starbucks oder Ford erwähnt, also Unternehmen, die aus dem Erfolg von Apple und des Mannes an der Spitze Schlussfolgerungen für die eigene Strategie ziehen. Und wir begegnen anderen Zeitgenossen der besten Jahre von Steve Jobs, die im Silicon Valley ebenfalls Avantgarde sind: zum Beispiel dem Internetpionier und heutigen Investor Marc Andreessen.

Das Buch ist in den vergangenen zwölf Jahren entstanden. Es basiert auf meiner Arbeit als Wirtschaftsredakteur für die Frankfurter Allgemeine Zeitung in Düsseldorf, New York, San Francisco und Frankfurt. Man kann es wie einen Roman an einem Stück lesen. Möglich ist es aber auch, nach Lust und Laune durch die Jahre zu blättern – und eigenen, ganz persönlichen „Jahrestagen" einer Begegnung mit Apple zu folgen. Die einzelnen Geschichten, von denen hier berichtet wird, stehen für sich.

Die Datumszeilen müssen nicht den Tagen entsprechen, an denen Steve Jobs seine dort erwähnten Auftritte hatte, sie können auch für einige Tage später entstandene Texte stehen: Es ist eben ein persönliches Tagebuch – mit subjektiven Eindrücken.

I. Prolog 1984 bis 1998:

Für den Rest von uns

„Für den Rest von uns" war er gedacht, der Macintosh-Computer von Apple, als er der Welt 1984 auf seinem Bildschirm „hello" sagte. Doch der ehrgeizige Plan ist in den ersten gut 20 Jahren danach zunächst nicht aufgegangen, zumindest dann nicht, wenn man den „Rest", der im Werbetext der ersten Macintosh-Anzeige gemeint war, als die breite Mehrheit der Bevölkerung definiert, die zur Markteinführung des neuen Rechners noch gar keine Berührung mit einem Personalcomputer hatte. Denn der Macintosh blieb sehr, sehr lange ein Computer für nur *einen* besonders kleinen Rest von uns, nämlich für diejenigen, die anders denken wollten als im Rahmen der Industriestandards, die von Unternehmen wie Microsoft und Intel gesetztet wurden. Das galt meist für Kreative in Medienberufen oder in Werbeagenturen, auch für Studenten. Doch waren das eben nur wenige, die sich im oppositionellen Geist verbunden fühlten. Die Ziele des Unternehmensmitbegründers Steve Jobs waren, wie es seiner Natur entspricht, viel ehrgeiziger, als er den „Ur-Mac" im Januar 1984 der Öffentlichkeit vorstellte. Doch erreicht hat er sie erst in der heutigen Zeit.

Dabei sollte es schon damals um nichts weniger als den entscheidenden Angriff auf den kastenförmigen IBM-PC gehen, der rund drei Jahre zuvor das Licht der Welt erblickt hatte. Finanziell war das Unternehmen Apple, der Computerpionier aus dem kalifornischen Cupertino, zum Zeitpunkt der Markteinführung des Mac durch einen unglücklichen Marktauftritt des Apple III und das Desaster mit dem viel zu teuren Lisa-Computer, dem ersten Rechner mit einer Maus zur Dateneingabe, zu jener Zeit angeschlagen. Deshalb musste mit dem Macintosh, der in Anspielung auf den Unternehmensnamen Apple nach einer schottischen Apfelsorte mit dem Namen McIntosh benannt wurde, zwingend ein neuer Durchbruch im Massenmarkt her. Also kostete der Mac bei seiner Einführung mit rund 8.500 DM (was damals etwa 2.500 Dollar entsprach) nur die Hälfte des Lisa-Preises.

Das war zwar immer noch kein Sonderangebot. Viel schlimmer war aber noch, dass das Gesamtkonzept nicht stimmte. Jobs hatte dem visionären Gerät, das mit seinem gestochen scharfen Schwarz-Weiß-Monitor, seiner Maus und der einfach zu bedienenden grafischen Benutzeroberfläche der Zeit vielleicht einfach nur zu weit voraus war, viel zu wenig Speicher mit auf den Weg gegeben. Zudem ließ sich der Ur-Macintosh nicht erweitern. Deshalb wollten den Computer nur eingeschworene Apple-Fans haben. Der Start war sogar so enttäuschend, dass Jobs danach Zug um Zug aus dem Geschäft verdrängt wurde und sein Unternehmen kurz darauf für viele Jahre ganz verließ. Es muss ihm eine Lektion gewesen sein, bestimmte Technologien wirklich erst dann auf den Massenmarkt zu bringen, wenn die Zeit dafür gekommen ist und alle Komponenten ausgereift genug sind.

Nach Jobs brach bei Apple die Zeit der kühlen, pragmatischen Manager an, die mit der Marke wenig anfangen konnten. In dieser Zeit wurde der ehemalige Pepsi-Cola-Mann John Sculley zur maßgeblichen Figur bei Apple. Und ein halbes Jahr nach der Vorstellung des ersten „Mac 128" kam das Nachfolgemodell auf den Markt, das mit nun 512 Kilobyte Speicher ausgerüstet war. Damit konnte man endlich arbeiten. Doch blieb ein Problem: Der Macintosh war ein in sich abgeschlossenes System und mit keinem der standardisierten Produkte von Wettbewerbern, die eben mit Intel- und Microsoft-Komponenten arbeiteten, kompatibel. Völlig klar, Microsoft und Co., das war die Feindeswelt. Apple, das war das gallische Dorf. Ein gegenseitiges Verständnis mit der Nicht-Apple-Welt hätte – jedenfalls damals – noch nicht zur radikal-puristischen Designlehre von Jobs gepasst, die zugleich aber eben auch für die sehr klare Markenpositionierung sorgte.

Ab 1987, mit der Einführung des Macintosh II, wurde der Kundenkreis, der sich für den Mac interessierte, zwar größer. Das freundlich-schlichte Design des Ur-Mac mit seinem lächelnden „Gesicht", der es längst in das New Yorker Museum of Modern Art geschafft hat, wurde jedoch aufgeweicht. Der Monitor war nicht mehr fest eingebaut, sondern frei wählbar, und auch sonst ähnelte der Mac nun sehr den kistenartigen Nachfolgern des ersten IBM-PC. Das war ein klarer Bruch mit der Gründerzeit. Er beschädigte die

Marke und machte sich nur anfangs bezahlt: In den Jahren zwischen 1987 und 1995 verfünffachte sich der Umsatz von Apple auf rund 11 Milliarden Dollar. Aber schon der Gewinn spiegelte diese Entwicklung nicht wider – und auch beim Marktanteil konnte der Mac die dominante Stellung der Nachfolger und Nachahmer des IBM-PC mit dieser Strategie nie gefährden.

Schließlich brach das Chaos aus: Zwischen 1995 und 1998 halbierte sich der Umsatz von Apple. Es schien fast nichts mehr zu funktionieren. Das Unternehmen stand vor dem Ruin. Denn es hatte sein einstiges Markenversprechen nicht mehr erfüllt. Ende 1997 war es Zeit geworden für die Rückkehr von Steve Jobs: zum Mac, zur Marke, zur Macht. Etwas später wurde ich nach Amerika versetzt.

1999

II. New York, 21. Juni 1999:

Big Apple und ein Tagebuch

Im Juni 1999, als Apple weit von seiner heutigen Bedeutung entfernt ist, stellt sich für den Korrespondenten einer deutschen Tageszeitung in New York eine Frage, die bis heute in Redaktionskonferenzen immer wieder diskutiert wird: Ist die Vorstellung eines neuen Computers überhaupt eine Nachricht im Wirtschaftsteil einer Tageszeitung wert? Die Antwort darauf lässt sich eigentlich schnell finden: nein. Denn anderen Anbietern, ob sie Dell, Hewlett-Packard oder Toshiba hießen, wird eine solche Ehre meist nicht zuteil. In Deutschland hat Apple zu jener Zeit ohnehin nur einen winzigen Marktanteil.

Doch die Antwort muss in diesem Fall eine andere sein: für denjenigen, der an den Hochhäusern Manhattans die zahlreichen Werbeplakate für die neuen, bunten iMac-Computer sieht, für denjenigen, der spürt, wie sehr Apple schon zu jener Zeit Gespräche im Alltag dominiert, und auch für jemanden, der von der Lebensgeschichte des Computer-Pioniers und Apple-Mitbegründers Steve Jobs fasziniert ist. Denn am Ende des Vortrags von Jobs vor Tausenden Zuhörern im Jacob-Javits-Konferenzzentrum am Ufer des Hudson River würde die Vorstellung und Vorführung eines neuen Computers stehen, der in den Wochen danach mehr als nur die Fachwelt bewegt. Darauf schien Verlass. Und 1999 geht es noch um eine andere Botschaft, deren Kern den Erfolg der Marke bis heute bestimmt, die damals aber sehr weit hergeholt zu sein schien. Gemeint ist Jobs' Idee von der Seele eines Computers, der Seele, die er den Geräten von Apple wieder habe zurückgeben müssen. Denn erst nach zwölf für ihn sehr langen Jahren nach seinem erzwungenen Abschied von der Führungsspitze von Apple ist der charismatische Jobs im September 1997 an die Spitze des damals in der Existenz bedrohten Unternehmens zurückgekehrt. Er hat damals alles auf eine Karte gesetzt: eben auf jenen im August 1998 vorgestellten, farbenfrohen iMac-Computer, der in New York im Sommer danach großflächig plakatiert war. Damit hat er das Ruder bei Apple wieder herumgerissen, nachhaltig, wie man nun weiß. Beim Blick auf den bunten iMac bekommt man bis heute ein Gefühl davon, was Jobs meint, wenn er von der „Seele" eines Computers spricht.

In dem Jahr, das der Vorstellung folgte, hat Apple knapp zwei Millionen iMacs verkauft. Der Anteil am amerikanischen Privatkundenmarkt ist in dieser Zeitspanne von 5 auf 12,5 Prozent gestiegen – das ist ein nicht nur in dieser Branche gewaltiger Sprung. Das Unternehmen, das im Jahr 1996 noch 816 Millionen Dollar Verlust gemacht hat, kann allein im dritten Quartal des laufenden Geschäftsjahres 1998/99 (30. September) einen Nettogewinn von 114 Millionen Dollar ausweisen.

III. New York, 22. Juni 1999:

„It's so easy to fall in love"

Jobs' Anhänger sind nach New York gekommen, um die Fortsetzung der iMac-Geschichte auf dem Gebiet der tragbaren Computer zu erleben. Geduldig hatten sie länger als eine Stunde in langen Reihen vor der Tür zum verdunkelten Saal gestanden. Auf der Bühne fallen dann, in gleißendes Licht gehüllt und auf einem Podest stehend, das einem Altar ähnlich ist, zunächst nur vier Flachbildschirme ins Auge, an denen später neue Softwareanwendungen vorgeführt werden. Der Raum wird mit Rock-'n'-Roll-Rhythmen beschallt. „It's so easy to fall in love ..." Von dem neuen Laptop, der heute gezeigt werden soll, ist aber noch nichts zu sehen. Hinter der Bühne hängt nur ein Plakat, auf dem ein etwa achtzig Jahre alter Mann abgebildet ist, der ein Baby auf dem Arm trägt. Das Baby hat eine Kette mit dem Abzeichen der Friedensbewegung um den Hals. Das ist eine dem Werbespruch des Unternehmens entliehene und daher wohl auch etwas verlogene Verbeugung von Apple vor all' jenen, die anders denken („Think different"). Um im Sinne von Apple anders zu denken, reicht es nämlich schon aus, Apple-Computer zu kaufen und die Geräte zu meiden, die nach dem marktbeherrschenden Intel/Microsoft-Standard arbeiten.

Das neue Selbstbewusstsein des Unternehmens und seiner Kunden ist im Saal deutlich spürbar. Dabei hatte es noch vor zwei Jahren so ausgesehen, als müsste Apple vor der Übermacht von Intel und Microsoft kapitulieren. Doch „The heart of Rock 'n' Roll is still beating" – Apples Herz schlägt weiter, wenn auch mithilfe einer Finanzspritze des inzwischen an Apple beteiligten Unternehmens Microsoft. Mehrere Hundert Journalisten warten geduldig die weniger bedeutenden Softwareankündigungen von Jobs ab, die allerdings auch schon ausreichen, um die Anwesenden zu freudigem Applaus und entzücktem Juchzen zu veranlassen. „Dieses Programm wurde schon mehr als zehn Millionen Mal im Internet abgerufen", ruft Jobs. „Und unser neues Betriebssystem kommt im Oktober. Es kostet nur 99 Dollar." Die Werbeinszenierung ist perfekt. Die Spannung steigt. Und das Vermarktungsgenie Jobs, das bei Apple in Anspielung auf den Erfolg mit den neuen Computern und in Erinnerung an die eigentlich nur interimistische Rolle als Vorstandsvorsitzender (CEO) liebevoll nur noch „iCEO" (das „i" steht hier für das amerikanische Wort „interim") genannt wird, kann den Erwartungen gerecht werden.

Nachdem eine gute Stunde vergangen ist, zaubert Jobs, gekleidet in Jeans und schwarzes Shirt, von Beifall umtost, zwei Vorserienmodelle des neuen Apple-Laptops für den Privatkundenmarkt hervor. Von September an gibt es die – natürlich – iBook genannten neuen Computer in den Läden zu kaufen. Sie sind bunt, flach, an den Seiten mit farbigem Gummi überzogen, haben mit dem G3-Mikroprozessor mit 300 Megahertz ein recht schnelles Herz, eine zügige Grafikkarte, einen mittelgroßen Bildschirm und einen Tragegriff. Ähnlich wie beim iMac fehlt ein Diskettenlaufwerk. Doch ist ein Modem fest eingebaut, zudem gibt es eine Netzwerkkarte – schließlich steht das „i" für die Fähigkeit, problemlos ins Internet zu gehen. Die wesentlichen Vorzüge sind wohl die lange Batterielebensdauer von sechs Stunden und die Möglichkeit, über eine in der Wohnung oder im Haus installierte Basisstation drahtlos das Internet zu nutzen. In den Vereinigten Staaten soll das Gerät zum Preis von 1.599 Dollar, also in Deutschland wahrscheinlich für 2.999 DM, angeboten werden. Das empfinden die Anwesenden natürlich als geradezu unglaublich preiswert.

Zum Schluss führt Jobs noch vier der bisher gedrehten Fernsehwerbespots vor und lässt das Publikum per Beifall über seinen Favoriten abstimmen. In dem von den Anwesenden favorisierten Spot wird der Zuschauer nach einer rasanten Kamerafahrt um das neue iBook herum gefragt, ob es möglich sei, sich in einen Computer zu verlieben? Denn genau das ist ja Jobs' Werbebotschaft von einem „humanen" Computer, der „Seele" des Geräts. Und die Antwort auf die Frage hatte die Musik am Anfang der Veranstaltung ja schon längst gegeben: „It's so easy to fall in love."

Hier und Jetzt

Aber es ist zu dieser Zeit auch noch eine Liebe mit Verlustrisiko. Denn Jobs ist ja nur ein „interimistischer“ Apple-Chef, eben der iCEO. Würde er bleiben? Diese Frage schwingt mit – auf dem Weg nach Hause durch die Straßen Manhattans und in den meisten Besprechungen, die in den Tagen danach über das neue Gerät erscheinen. Schon bald sollte die erlösende Nachricht kommen.

2000

IV. San Francisco, 7. Januar 2000:

Der iCEO will bleiben

Für diese Nachricht waren Jobs stehende Ovationen sicher, wieder einmal. Denn Jobs, von vielen Apple-Kunden und den meisten Mitarbeitern schon seit seiner Rückkehr wie ein Heilsbringer gefeiert, ist nun auch offiziell und unbefristet Vorstandsvorsitzender von Apple. Der inzwischen 43 Jahre alte, aus dem Silicon Valley stammende Jobs war Apple während einer für das Unternehmen lebensbedrohenden Krise beigesprungen. Den Übergangstitel „iCEO" hat Jobs dabei schätzen gelernt. Das gilt im doppelten Sinne: Schließlich hat er auch wieder erfolgreiche Computer mit dem Kürzel „i" im Namen vorgestellt: „Das i vor CEO kann dann künftig auch dort für Internet stehen", sagte Jobs vor einer begeisterten Menge von mehr als 4.000 Zuhörern auf der Messe Macworld Expo im Herzen von San Francisco. Doch nicht nur das: Der charismatische Jobs, der so gern im schwarzen T-Shirt oder Rollkragenpullover und Jeans auf der Bühne steht, traut sich mehr zu und schreckt vor einer Doppelrolle nicht zurück. Denn er will darüber hinaus auch Vorstandsvorsitzender des Trickfilmstudios Pixar bleiben, das jüngst den Kinofilm „Toy Story 2" produzierte – und an dem er eine Mehrheitsbeteiligung hält.

Apple schmerzt die Doppelbelastung bisher nicht. Seit seiner Rückkehr hat Jobs bewiesen, dass sich optisch frisch wirkende Computer, die zudem einen einfachen Zugang zum Internet bereitstellen, selbst mit einem gehörigen Preisaufschlag gegenüber Wettbewerbsmodellen gut verkaufen lassen. Allein im vergangenen Quartal hat Apple 1,35 Millionen seiner Macintosh-Computer abgesetzt. Unter der Führung von Jobs hat sich der Aktienkurs des zuvor totgesagten Unternehmens denn auch in etwa verfünffacht. Für seine Arbeit hat Jobs selbst als interimistischer Vorstandsvorsitzender kein Gehalt bekommen; zudem hält er symbolisch nur noch eine einzige Aktie des Unternehmens, dessen Rettung für ihn Ehrensache und Herzensanliegen zugleich ist. Nach Jobs' Worten darf der Apple-Verwaltungsrat über seine künftige Entlohnung ohne Verhandlungen selbst entscheiden.

Als größten Vorteil von Apple bezeichnet es Jobs in seiner Rede immer wieder, der einzige verbleibende Computerhersteller zu sein, der Technik und Betriebssystem selbst entwickelt. „Wir sind die Einzigen, die noch auf die gesamte Nutzererfahrung der Kunden am Computer Einfluss nehmen können." Diese Erfahrung will Jobs im laufenden Jahr mit der Vorstellung eines völlig neuen Betriebssystems mit dem Namen OS X ein weiteres Mal verbessern. In OS X sollen erstmals auch dreidimensionale grafische Elemente die Benutzerführung erleichtern.

Hier und Jetzt

Tatsächlich wird das moderne neue Betriebssystem OS X in den Jahren danach die Softwaregrundlage für den Erfolg von Apple werden – bis hin zu den tragbaren Geräten wie iPhone und iPad. Im Rückblick zeigt sicht, dass Jobs das gesamte Saatgut für den Apple-Erfolg in der heutigen Zeit schon rund zehn Jahre zuvor ausgebracht hat. In der Zeit dazwischen lief nicht immer alles glatt. Aber von Hindernissen im täglichen Geschäftsbetrieb hat sich Jobs nie vom seinen Überzeugungen und großen Zielen abbringen lassen. Und einige dieser Hindernisse waren gravierend: Denn in dieser Zeit zerplatzte an den Börsen die Internetblase. Im Silicon Valley machte sich Untergangsstimmung breit. Und irgendwo in den Bergen Afghanistans plante ein gewisser Osama Bin Laden einen Angriff auf Amerika. Die Stimmung zwischen New York und San Francisco begann sich schon im Verlauf des Jahres 2000 deutlich einzutrüben, und sie sollte für eine ganze Weile schlecht bleiben. Apple hat das gespürt. Die nächste Episoden zeigen, dass Steve Jobs nicht unfehlbar ist. Und anders als oft behauptet, weiß er das auch, jedenfalls inzwischen.

V. Cupertino, 20. Oktober 2000:

Schlaglöcher auf dem Weg nach oben

Apple hat Fehler in seiner Preispolitik eingeräumt und ist mit den Zahlen zum vierten Quartal des vergangenen Geschäftsjahres 1999/2000 (30. September) unterhalb der ohnehin deutlich reduzierten Erwartungen geblieben. Darüber hinaus hat Apple auch die Prognosen für das laufende Quartal ein weiteres Mal zurückgenommen, da sich wegen der unerwartet schwachen Nachfrage nach einigen Produkten teure Lagerbestände aufgebaut haben. In einer Telefonkonferenz im Anschluss an die Vorlage der Ergebnisse wollte der Apple-Vorstand die eigenen Probleme dann auch nicht mit einer möglichen Abschwächung der allgemeinen Nachfrage nach Personalcomputern erklären. „Wir sind für das Verfehlen unserer Zahlen ganz allein verantwortlich", sagte Finanzvorstand Fred Anderson. Wegen der hohen Lagerbestände rechnet Apple für das erste Quartal 2000/2001 jetzt nur noch mit einem Umsatz von 1,8 Milliarden Dollar und einem „kleinen Gewinn".

Nach Angaben von Apple hat der schwache Verkauf des neuen „Power Mac G4 Cube" 90 Millionen Dollar zum verfehlten Umsatzziel beigetragen. Der Rest sei zum größten Teil auf niedrigere Verkäufe an amerikanische Schulen und Universitäten zurückzuführen, die ihren Grund in einer Umstellung des Vertriebssystems hätten. Steve Jobs räumte ein, der erst im Sommer 2000 vorgestellte G4 Cube sei in den Augen der Kunden zu teuer. Das ist eine für Apple unter seiner Führung höchst ungewöhnliche Erkenntnis. Wie sich ein jüngst beschlossener Rabatt von 300 Dollar beim gleichzeitigen Kauf eines Apple-Monitors auf den Verkauf auswirke, sei noch nicht absehbar.

Tatsächlich müssen Produktion und Vertrieb des Cube bald eingestellt werden. Das würfelförmige Gerät aus durchsichtigem Plastik gleichsam „in einem Guss" gefertigt, landet in Designmuseen, nicht aber auf Schreibtischen. Später wird es heißen, man habe bei der Produktion des Computers viel gelernt – nicht nur mit Blick auf eigene Vermarktungsfehler, sondern auch in der Fertigungstechnik. Dies sei – erheblich erfolgreicheren – Nachfolgern später sehr zugutegekommen. Letztlich wird der Cube in seiner Einheit von Schönheit und Misserfolg nur ein Schritt auf der steilen Lernkurve von Jobs und seinem Designteam sein.

Kurz nach jener Telefonkonferenz hält Bill Gates, der Vorstandsvorsitzende von Microsoft, auf einer inzwischen eingestellten Computermesse in Las Vegas mit dem Namen Comdex eine Rede, die Steve Jobs sehr interessiert haben dürfte. Denn er redet über Personalcomputer, aber auch über Mobiltelefone und vor allem über Tabletcomputer. Er hat viele Gedanken und Ideen, die auch Jobs zu dieser Zeit beschäftigen, und er adressiert Fragen, die in der Branche bis zum heutigen Tag diskutiert werden, etwa die zur Zukunft des PC an sich. Nur an das jüngste Hype-Thema der Informationstechnologie, die digitale Datenwolke Cloud, hat Gates zu jener Zeit noch nicht gedacht.

Rückblickend wird Jobs die nächsten zehn Jahre der IT sehr viel stärker prägen als der damals noch auf dem Olymp stehende und sehr viel erfolgreichere Gates. Ein Grund dafür wird sein, dass Jobs charismatischer und einfach der bessere Verkäufer ist. Mindestens genauso wichtig ist aber die Tatsache, dass Jobs in seinem Unternehmen die Kontrolle über Hardware und Software vereint.

VI. Las Vegas, 14. November 2000:

Bill Gates und der Tabletcomputer

Bill Gates fürchtet nach wie vor nicht, dass der Personalcomputer von mit dem Internet verbundenen Mobiltelefonen oder anderen Taschencomputern ersetzt werden wird. „Niemand wird seine Geschäftspläne oder Verkaufsprognosen auf einem winzigen Bildschirm erledigen wollen", sagte Gates vor 12.000 Zuhörern in seiner Rede zur Eröffnung der Computermesse Comdex im MGM Grand Hotel in Las Vegas. Dasselbe gelte für typische PC-Aufgaben außerhalb des Büros wie etwa das Erstellen einer Steuererklärung oder die Verwaltung von Familienfotos. Der Erfolg der Musiktauschbörse Napster zeige, dass die Computernutzer auch in Zukunft nicht auf den Speicherplatz ihrer persönlichen Festplatte auf dem Personalcomputer verzichten wollten.

„Es hat diesen Hype gegeben, der auch viele Aktienkurse nach oben getrieben hat. Die Leute haben gesagt, es werde irgendwann mehr Mobiltelefone als Personalcomputer auf der Welt geben", sagte Gates zu entsprechenden Prognosen über die Marktentwicklung. Denn schon auf der Comdex des vergangenen Jahres war viel von mobilen Internetzugangsgeräten die Rede gewesen, die Computer mit dem Windows-Betriebssystem mittelfristig ersetzen würden. Dieser Stimmung wollte Gates aber gleich zu Anfang der diesjährigen Messe entgegentreten. Um die Bedeutung des Personalcomputers zur Erledigung von Büroaufgaben zu unterstreichen, stellte Gates die neue Version des Bürosoftwarepaketes Office vor, die im kommenden Jahr verkauft werden wird. Das neue Office-Paket soll in weiten Teilen die Auszeichnungssprache XML (Extensible Markup Language) unterstützen, die Anwendungen wie etwa die Tabellenkalkulation Excel oder Access-Datenbanken näher an das Internet heranführen soll. XML dient dem von einer bestimmten Computerplattform unabhängigen Austausch von Daten[1].

---

1 Bis heute wird allerdings von vielen Fachleuten bemängelt, dass Microsoft diese Ankündigung in einer Form umgesetzt hat, die weit hinter den Zielen und Möglichkeiten des XML-Standards zurückbleibt.

Doch lässt Gates den Markt für mobile Computer nicht völlig unberücksichtigt. Der zweite Schwerpunkt seiner Rede war die Vorstellung eines neuen, flachen und tragbaren Tabletcomputers, den er „Tablet PC“ nennt. Das Gerät besteht vor allem aus einer großen Anzeigefläche, auf der man mit einem Stift schreiben kann. Der Computer, der in der zweiten Hälfte des Jahres 2002 auf den Markt kommen soll, kann menschliche Schrift wie ein Word-Dokument bearbeiten, ohne dass sie vorher im engeren Sinne „erkannt“ und in standardisierte Schriftzeichen umgerechnet werden muss. In der von Gates gezeigten Version ist der Tablet PC mit einem Prozessor mit einer Taktfrequenz von 500 oder 600 Megahertz ausgestattet, verfügt über einen Arbeitsspeicher von 128 Megabyte, eine 10-Gigabyte-Festplatte sowie eine Weiterentwicklung des Betriebssystems Windows 2000 und ist damit tatsächlich nichts anderes als ein schon heute bekannter PC in anderer Form. Doch selbst wer Gates' Feststellung folgt, dass der PC nicht durch mobile Taschencomputer ersetzt werden wird, wird in diesem Jahr auch auf der Comdex bemerken, dass zumindest die Verbindung von Computern und Telekommunikation längst Wirklichkeit ist. Denn zum ersten Mal sind auf der Messe, auf der sich früher alles nur um den PC gedreht hat, auch Hersteller von Mobiltelefonen vertreten.

Hier und Jetzt

In solchen Reden von Gates haben Journalisten stets sehr genau auf Versprecher und technische Fehlleistungen bei den Produktdemonstrationen geachtet, um danach Häme über den großen Softwarepionier ausschütten zu können. Wie nah Erfolg und Misserfolg selbst bei so offensichtlich begnadeten Personen wie Gates und Jobs beieinanderliegen, wird eben immer gerne aufgeschrieben. Das zeigt auch Jobs nächster Auftritt auf großer Bühne in San Francisco. Problematisch wird es aber, wenn das Publikum auf der Jagd nach schlechten Nachrichten Dinge überhört, die für die Zukunft wichtiger sind als die Verkaufszahlen der vergangenen drei Monate.

2001

VII. San Francisco, 11. Januar 2001:

Huch, Mobiltelefone?

Der Charakter des 45 Jahre alten Jobs ist das exakte Gegenteil der logischen „Ja oder Nein“-Entscheidung eines Computers. Und zu einem eindeutigen Ergebnis ist deshalb auch noch keiner seiner zahlreichen Charakterdeuter – ob Freund, Mitarbeiter, Journalist oder Buchautor – gekommen. Was bringt es, wenn man weiß, dass Jobs Wunderkind und Tyrann ist, herzlich und großzügig sein kann, vor Demütigungen nicht zurückschreckt? Nichts. Sicher ist aber: Er ist der Guru seines Unternehmens. Fest steht auch: Kritik kann er nur schwer vertragen. Gerade deshalb stellen derzeit immer mehr Branchenkenner die Frage, ob Jobs' Visionen allein langfristig einen ordentlichen Forschungsetat ersetzen können. Denn was Apple in dieser Hinsicht investiert, findet nur selten anerkennende Bewunderung; viel häufiger zieht es in diesen Tagen Hohn und Spott an.

Denn ein Jahr lang ist Jobs jetzt wieder der offizielle Vorstandsvorsitzende von Apple. In diesem einen Jahr ist der Aktienkurs des Unternehmens aber um mehr als 60 Prozent eingebrochen – zuvor war er stetig geklettert. Vor zwölf Monaten hatte Jobs unter dem Jubel seiner Kunden und Anhänger, was bei Apple synonym zu verstehen ist, das Ende der Übergangszeit angekündigt. Zu diesem Zeitpunkt ging es Apple glänzend; das vorangegangene Weihnachtsgeschäft war gut verlaufen. Der bunte iMac-Personalcomputer war noch frisch, der im vorangegangenen Sommer vorgestellte iBook-Laptop noch ein Erfolg. Das ist heute völlig anders. Schulen, in den Vereinigten Staaten wegen des nahezu fehlenden Geschäftskundengeschäfts ein besonders wichtiger Apple-Abnehmer, entscheiden sich bei der Anschaffung drahtlos vernetzter Laptop-Computer für ihre Klassenräume plötzlich verstärkt für Konkurrenzprodukte von Dell. Eine allgemeine Nachfrageabschwächung auf dem Markt für Personalcomputer folgte. Im September und Dezember musste Apple dann vor einem Ergebnis warnen, das deutlich unter den zuvor gehegten Erwartungen lag. Für das vierte Quartal 2000 erwartet Apple zum ersten Mal seit drei Jahren wieder einen Verlust.

Deshalb steht der noch vor Jahresfrist als Retter gefeierte Jobs vor seiner nächsten großen Herausforderung. Fachleute loben Jobs dafür, mit seinen bunten Computern die bisherige Kundenbasis von Apple bis in das letzte Arbeits- und Wohnzimmer hinein ausgeschöpft zu haben. Doch jetzt geht es darum, Käufer zu finden, die bisher einen Rechner mit dem Windows-Betriebssystem von Microsoft und einem Mikroprozessor auf der Grundlage von Intel-Standards besessen haben. Manche meinen, diese Aufgabe sei noch viel schwieriger als die kurzfristige Rettung von Apple – und mit einem so kleinen Etat für Forschung und Entwicklung im Vergleich zu den damaligen Branchenriesen nicht zu stemmen. Schon ist spürbar, dass sich manche freuen würden, wenn Jobs doch noch scheiterte.

Jobs aber hat einen Plan, den die Analysten noch nicht durchschauen – vielleicht ist er auch zu umfassend, um an diesem Tag vollständig zu überzeugen. Neuen Schwung soll das neue Apple-Betriebssystem OS X bringen, das vom 24. März an zu kaufen sein wird – und das in den Augen von Jobs sehr viel mehr sein soll als einfach nur ein Wettbewerber des marktbeherrschenden Betriebssystems Windows von Microsoft. OS X ist ein Lieblingskind von Jobs, denn der Softwarekern basiert auf Entwicklungen seines gescheiterten Computerunternehmens Next, das er in der Zeit seiner erzwungenen Abwesenheit von Apple gegründet und geführt hatte – und das später von Apple gekauft wurde.

Angesichts der bevorstehenden OS X-Einführung lässt sich Jobs in seinen Überzeugungen denn auch nicht von ein paar schlechten Quartalszahlen beirren. Er spricht vor seinen Anhängern in San Francisco davon, Apple-Computer zur „Schaltzentrale des digitalen Lebensstils" machen zu wollen. Das heißt: Apple-Software soll auch in Minicomputer und Mobiltelefone Einzug halten.

Das rauscht an jenem Tag, der in der Außenwahrnehmung sehr stark von der Bewältigung der Enttäuschungen der vergangenen zwölf Monate geprägt war, an vielen Zuhörern vorbei. Es ist aber, wie sich in den Jahren danach herausstellen sollte, völlig ernst gemeint: Im Jahr 2011 steht fest, dass Apple gemessen am Anteil an den verkauften Geräten auf Platz 1 in der Welt der internetfähigen Smartphones liegt – und das mit unglaublichen Margen. Apple verkauft zwar nur 5,6 Prozent aller Geräte, erzielt damit aber 66 Prozent der Gewinne aller Handyproduzenten. Rückblickend hat es den Anschein, als hätten sich die Menschen damals vorgenommen, Steve Jobs zu unterschätzen; das war bisher immer ein Fehler. Für den langjährigen Marktführer Nokia aus Finnland könnte das inzwischen sogar zu einem existenzbedrohenden Problem werden.

Kurz nach Jobs' Auftritt in San Francisco stirbt der Mann, der Jobs einst seinen ersten Job im Silicon Valley verschafft hat. Es ist William Hewlett, einer der beiden Gründer des Computerkonzerns Hewlett-Packard. Und noch heute ist es spannend, sich mit einem dieser Väter des Silicon Valley zu befassen. Auch Steve Jobs ist das wichtig. Denn er hat zehn Jahre später an ebenjene erste Stelle erinnert, als er den Stadtrat der Valley-Gemeinde Cupertino, dem Sitz der Apple-Zentrale, bat, einen neuen Apple-Campus bauen zu dürfen. Der soll auf einem Gelände entstehen, das Apple jüngst genau jenem Hewlett-Packard-Konzern abgekauft hat.

VIII. San Francisco, 15. Januar 2001:

William Hewlett stirbt

Bis zuletzt hatte er ein Büro in den Forschungslabors des von ihm mitgegründeten Computerherstellers Hewlett-Packard im kalifornischen Palo Alto. Am Freitag ist William Hewlett im Alter von 87 Jahren gestorben. Gemeinsam mit seinem Freund David Packard, der schon 1996 verstarb, hatte Hewlett das Unternehmen 1938 mit einem Startkapital von 538 Dollar in einer Garage in Palo Alto gegründet. HP wurde zum ersten Technologieunternehmen in der Gegend, die später „Silicon Valley" genannt wurde. Die Garagen-Gründung inspirierte andere Ingenieure zu ähnlichen Gründertaten im kleinen Stil. Nicht zuletzt fand Steve Jobs seine erste Stelle bei Hewlett-Packard.

Der Elektrotechniker Hewlett hat sein Unternehmen zum Konzern mit knapp 90.000 Mitarbeitern und einem Umsatz von 49 Milliarden Dollar heranwachsen sehen und ist dabei selbst zu einem der reichsten Amerikaner geworden. In der Liste des Wirtschaftsmagazins „Forbes" wurde Hewlett im vergangenen Jahr mit einem Vermögen von 9 Milliarden Dollar auf Platz 26 geführt. Hewlett hätte aber niemals seinen Reichtum als die größte Errungenschaft der Gründung von HP bezeichnet. Vielmehr war er vor allem auf die Managementkultur bei HP stolz. Mitarbeiter genossen große Freiheiten; es wurde auf freundschaftlich-kollegialen Führungsstil und die Beteiligung der Beschäftigten am Gewinn Wert gelegt. Diese Kultur wurde „HP-Way" genannt. Es ist noch immer etwas Besonderes, für HP zu arbeiten, auch wenn in jüngster Zeit einige dezentrale Führungsstrukturen durch eine zentralistischere Organisation ersetzt worden sind.

Von früheren Mitarbeitern wird Hewlett dafür gelobt, niemals großspurig aufgetreten zu sein. Er hat sich zudem als Spender einen Namen gemacht und mit vielen Millionen Dollar Umweltschutz-, Erziehungs- und humanitäre Projekte unterstützt. Geboren wurde er 1913 in Ann Arbor (Michigan), doch wuchs der Sohn eines Medizinprofessors der Stanford-Universität vom dritten

Lebensjahr an in Kalifornien auf. In Stanford lernte Hewlett Packard kennen. Beide machten 1934 ihren Ingenieursabschluss. Packard ging nach New York, um für General Electric zu arbeiten; Hewlett wechselte zum Massachusetts Institute of Technology. 1938 kehrten beide nach Palo Alto zurück, um das Unternehmen zu gründen, das am Neujahrstag 1939 nach dem Wurf einer Münze seinen heutigen Namen bekam. Die Münze entschied, dass der Name Hewlett vor Packard stehen sollte.

Lange musste sich HP mit Auftragsarbeiten über Wasser halten. Das Wachstum, so berichtete Hewlett viele Jahre später, sollte stets mit Gewinnen und nicht mit Schulden bezahlt werden. Der Durchbruch gelang, als Walt Disney für den Kinofilm „Fantasia" acht Tonmessgeräte kaufte. Die Messgeräte wurden zur Keimzelle von HP. Im vergangenen Jahr wurde dieses Geschäft unter der Firma Agilent (11 Milliarden Dollar Umsatz, 47.000 Mitarbeiter) abgespalten. Hewlett war von 1964 bis 1977 HP-Präsident; als Vorstandsvorsitzender trat er 1978 zurück. Bis 1987 war Hewlett noch Vice Chairman des Verwaltungsrates.

Hier und Jetzt

Es ist eine interessante Facette der Geschichte, dass Hewlett-Packard mit der Hilfe der Filmindustrie aus den Startlöchern kam. Denn auch Steve Jobs hat eine besondere Nähe zu Hollywood entwickelt. Die kollegiale Führungskultur von HP dürfte Jobs hingegen sehr lange fremd geblieben sein. Hewlett wiederum stirbt in einer Zeit, in der es in dem Valley geschäftlich gar nicht gut läuft. Jobs' zu jener Zeit gern unterschätzte Aufbauleistung wird aber umso beachtenswerter, wenn man berücksichtigt, was damals in der Nachbarschaft passierte: Im Valley gingen die Lichter aus. Wie es den Menschen dabei ging, erzählt Jad, ein Valley-Flüchtling jener Tage.

IX. San Francisco, 29. Juni 2001:

Gute Fahrt, Jad!

Jad Duwaik ist 30 Jahre alt und als Unternehmensgründer schon viermal gescheitert. In diesen Tagen ist er mit seinem Auto auf dem Weg nach New York und hofft, wie er am Telefon sagt, „einfach nur auf das Beste". Jad gehört zu denen, die dem Silicon Valley den Rücken kehren. Nicht verbittert, aber auch, ohne ein Vermögen gemacht zu haben. Telefonisch erreicht man ihn nicht ganz auf halbem Weg zwischen San Francisco und New York, irgendwo in Colorado auf der Autobahn. Jad will sich Zeit lassen mit seiner Fahrt an die Ostküste. Denn eine Arbeitsstelle hat er dort sowieso noch nicht gefunden. „Ich möchte ein Buch über meine Erfahrungen als Unternehmer veröffentlichen", sagt er. „Dafür bin ich in der Verlagsstadt New York besser aufgehoben als in San Francisco." Und wenn es mit dem Buch nicht klappe, gebe es auch noch die Möglichkeit, Drehbuchautor zu werden. Als Unternehmer im Internetsektor will sich Jad jedenfalls nicht mehr betätigen, obwohl vor erst zwei Jahren alles so gut angefangen hatte. Damals war Jad auf dem Papier Millionär, denn er hatte sein erstes Unternehmen gegen 1,5 Millionen Dollar in Aktien und 100.000 Dollar in bar verkauft. Rückblickend bezeichnet Jad den von ihm gegründeten und nach 18 Monaten verkauften Internetzugangsdienst „Planet Internet" nur noch als einen vorübergehenden Erfolg. Denn inzwischen hat auch der Käufer Konkurs angemeldet, und Jads Aktienpaket ist wertlos. Doch so erfolgreich wie mit Planet Internet war er seitdem nie wieder. Die nächsten zwei Gründungen, die sich mit dem Schutz der Privatsphäre im Internet und der Verwertung von im Internet gesammelten Kundendaten befassten, scheiterten früh und sind nicht weiter erwähnenswert.

„Ich bin in einer Position, in der wohl 90 Prozent aller Existenzgründer im Valley sind, von denen man aber nie etwas hört", sagt Jad. Wie die meisten anderen habe er die Höhen des Gründerdaseins nie erreicht, also ein Unternehmen an die Börse gebracht. Stattdessen habe er immer wieder von vorn anfangen müssen und stehe am Ende doch mit leeren Händen da. Damit sei er die Regel, nicht die Ausnahme. Sein viertes Unternehmen, „Greenhouse for Startups", erschien zwar auf den ersten Blick vielversprechend zu sein. Greenhouse sollte Gründer miteinander in Kontakt bringen und gegenseitig mit wichtigen Informationen versorgen. Schnell hatten sich 7.000 Mitglieder registrieren lassen, es gab Verbindungsgruppen in fünf Städten. Die Presse berichtete lebhaft. Geschichten über Greenhouse waren im Internetmagazin „Red Herring" ebenso zu lesen wie in angesehenen Tageszeitungen wie der „New York Times" und der „Washington Post".

Die Berichterstattung zog Risikokapitalgeber an, die Jad sagten, er müsse aus der Kontaktbörse schnell ein gewinnbringendes Geschäft machen. „Das hat dann die Idee kaputtgemacht, denn Greenhouse sollte nie so schnell so groß werden", sagt Jad. Es sei ihm in der kurzen Zeit, die ihm nach dem Einstieg der Kapitalgeber zur Verfügung gestanden habe, um wirklich erfolgreich zu sein, nie gelungen, nennenswerte Einnahmen zu erzielen. Am Ende wurde aus der Kontaktbörse nur ein weiteres gescheitertes Internetunternehmen und Jads neuester Konkurs. Das war Ende Dezember des vergangenen Jahres. Inzwischen waren auch die 100.000 Dollar, die Jad für den Verkauf von Planet Internet erhalten hatte, aufgebraucht. „Ich musste mich an den Gedanken gewöhnen, Angestellter zu werden." Doch für Jads Lebenslauf, in dem bisher nur die Angaben Vorstandsvorsitzender oder Präsident zu finden sind, wollte sich in den Personalabteilungen niemand begeistern. Das wiederholte Umschreiben seiner Bewerbungen brachte nichts. Plötzlich fehlte die solide Ausbildung, die traditionelle Karriere. Nie hatte Jad irgendwo als Praktikant gearbeitet, nie mit einer normalen Sachbearbeiterstelle vorliebgenommen. Nach dem College war Jad sofort unter die Gründer gegangen. Doch seine zahlreichen Verbindungen, die er seither geknüpft hatte, halfen bei der normalen Jobsuche auch nicht mehr weiter. Vor ein paar Wochen musste Jad erkennen, dass er keine Stelle finden würde. Der Scheck für die nächste Miete in San Francisco wäre nicht mehr gedeckt gewesen. Zur Finanzierung des Umzugs bleibt ihm nur noch die American-Express-Karte seines Vaters.

Ob er bei so viel Pech die vergangenen zwei Jahre bereue? „Nein, ich habe viel gelernt." Zwar sei er für seine Anstrengungen nicht finanziell belohnt worden. Aber persönlich sei er trotzdem weitergekommen. Er versuche jetzt, sich weniger von Äußerlichkeiten blenden zu lassen. Seine Erfahrungen schreibe er zudem auf. Aus dem Manuskript soll Schritt für Schritt das geplante Buch entstehen. Ob es mit dem Valley, dem er ja nun den Rücken kehre, denn bald wieder aufwärtsgehe? „Ich denke schon. Es hängt alles vom Aktienmarkt ab." Sobald man bei den Aktien von Unternehmen wie Sun oder Cisco wieder einen Aufschwung erkennen könne, seien auch die Risikokapitalgeber wieder eher dazu geneigt, frisches Geld in die Internetbranche zu stecken. „Unternehmer, die es wieder neu versuchen werden, gibt es im Silicon Valley noch genug", sagt Jad.

Es finde sich immer wieder jemand, der für einen Neuanfang alles aufs Spiel setze. Er selbst habe das an der Westküste aber nun viermal gemacht, für ihn sei es damit an der Zeit, an der Ostküste neu anzufangen. Na dann, gute Fahrt, Jad!

Hier und Jetzt

Jad sollte recht behalten. Natürlich würde es mit dem Valley und der Stimmung dort wieder aufwärtsgehen. Es würde nur viel länger dauern, als jedenfalls die Optimisten damals dachten. Denn da war ja noch Osama Bin Laden: In jenem Jahr mussten Amerika und die Welt die Terroranschläge des 11. September erleben. Plötzlich war Amerika im Krieg. Vielen Unternehmen des Landes ging es in jenen Tagen nur noch darum, möglichst schnell zur Normalität zurückzukehren, während die Mitarbeiter unter Schock standen.

X. San Francisco, 13. September 2001:

Auf der Suche nach der Normalität[2]

Die amerikanischen Unternehmen bemühen sich, so schnell wie möglich zu einem normalen Geschäftsbetrieb zurückzukehren. In den Stunden nach den Anschlägen in New York und Washington war das jedoch nur schwer möglich. In Detroit haben die Autohersteller Ford und Chrysler ihre Hauptverwaltungen am Dienstag geschlossen und nachmittags die Produktion in den nordamerikanischen Fabriken ausgesetzt. General Motors hat Mitarbeitern in der Zentrale erlaubt, nach Hause zu gehen, als die Polizei ihre Sicherheitsvorkehrungen intensivierte. Der japanische Autokonzern Toyota setzte am Mittwoch die Produktion in drei seiner vier nordamerikanischen Fabriken aus, um den Toten des New Yorker Terroranschlags Respekt zu erweisen.

„Allein die befristete Unterbrechung der Produktion wird aber keine großen Auswirkungen auf die Unternehmen haben“, sagte Analyst Stephen Usher von der Investmentbank J. P. Morgan. Die Folgen einer möglicherweise nachlassenden Nachfrage der Verbraucher müsse sehr viel ernster genommen werden. So fiel in Manhattan das Ereignis der Präsentation der Memoiren von Jack Welch natürlich aus. Die Bücher mit dem Konterfei des legendären ehemaligen Vorstandschefs des Mischkonzerns General Electric standen zwar schön aufgereiht im Schaufenster der Buchhandelskette Barnes & Noble an Manhattans 5. Avenue. Welch sollte dort am Dienstag eigentlich Bücher signieren. Doch der Terroranschlag auf das World Trade Center machte dem Buchhändler einen Strich durch die Rechnung. Wie alle anderen Geschäfte in der Gegend blieb Barnes & Noble geschlossen. Polizisten standen vor den Gebäudeeingängen, und die Straßen des ansonsten belebten und lauten Geschäftsviertels Midtown wirkten wie ausgestorben.

---

2 Unter Mitarbeit von Norbert Kuls

In Chicago bot sich das gleiche Bild. Dort hat die Warenhauskette Sears, Roebuck & Co. ihre Angestellten zudem angewiesen, in den kommenden 24 Stunden nicht zu reisen. Die Einzelhandelskette Gap aus San Francisco hat alle 3.800 amerikanischen Gap-, Banana-Republic- und Old-Navy-Filialen am Dienstag vorsorglich geschlossen. Große Paketversender wie United Parcel Service übernahmen keine Garantien für die Einhaltung ihrer Lieferfristen mehr, nachdem alle Flüge in den Vereinigten Staaten bis Mittwochmittag ausgesetzt worden waren.

„Lieferung und Abholung gehen mit der Ausnahme von New York und Washington aber weiter", sagte ein Unternehmenssprecher. Federal Express teilte mit, dass grenzüberschreitende Lieferungen wegen der ausgesetzten Flüge ein bis zwei Tage Verspätung haben werden. In Chicago wurde die gerade erst eröffnete Zentrale des Flugzeugherstellers Boeing für einen Tag geschlossen, im Financial District von San Francisco die prominente Transamericana-Pyramide aus Angst vor weiteren Anschlägen geräumt.

Auch die Arbeitgeber in den umliegenden Bürogebäuden stellten ihren Beschäftigten frei, nach Hause zu gehen. Für viele der Angestellten war das schon deshalb wichtig, um ihre Kinder aus den ebenfalls geschlossenen Schulen abholen zu können. „Ich war zu nervös, um in einem der Hochhäuser im Financial District zu bleiben", sagte Jackie Lopez, Mitarbeiterin des Kurierdienstes DHL Worldwide. „Jeder hatte Sorge über den Zustand des Nahverkehrssystems, der Brücken und die Möglichkeit weiterer Anschläge auf andere bedeutende Gebäude." Das in San Francisco ansässige Wertpapierhandelshaus Charles Schwab setzte seinen Erdbeben-Notfallplan in Kraft und rief seine 6.000 Mitarbeiter dazu auf, zu Hause zu bleiben.

Im Silicon Valley bemühten sich die Unternehmen dagegen von Beginn an, ihren normalen Geschäftsbetrieb aufrechtzuerhalten. „Oracle kann und darf den Betrieb heute nicht einstellen", schrieb Larry Ellison, der Vorstandsvorsitzende des zweitgrößten Softwarekonzerns der Welt, seinen Mitarbeitern in einer E-Mail. „In dieser tragischen Zeit ist es für Oracle wichtiger als je zuvor, allen Institutionen, die darum kämpfen, die Infrastruktur in diesem Land funktionsfähig zu halten, seine Dienste zur Verfügung zu stellen." Unter den Silicon-Valley-Unternehmen ist der Hersteller von Netzwerkrechnern (Servern) Sun der größte Mieter im World Trade Center. Sun hatte im Südturm die Stockwerke 25 und 26 gemietet, in denen 300 Mitarbeiter ihre Arbeitsplätze hatten. „Wir sind noch immer damit beschäftigt, Kontakt mit unseren Mitarbeitern zu bekommen", sagte eine Sun-Sprecherin. Man arbeite daran, eine Informationsrufnummer für die Angehörigen einzurichten. Beim Konsumgüterhersteller Procter & Gamble aus Cincinnati ebenso wie beim Chiphersteller Intel aus Santa Clara wurden in allen Fabriken auf der Welt die Sicherheitsmaßnahmen verstärkt. Intel betreibt rund 30 große Produktionsanlagen, drei davon in Israel, wo rund 5.000 Mitarbeiter beschäftigt sind. P & G rät allen Beschäftigten von Flugreisen ab. Verschärfte Sicherheitsvorkehrungen gelten auch bei den amerikanischen Energieversorgern.

Wenn es galt, Kontakt mit Angestellten, Freunden und Familienangehörigen aufzunehmen, erwies sich das Internet in den Stunden nach den Anschlägen als die sicherste Möglichkeit. Telefonverbindungen zwischen der West- und der Ostküste der Vereinigten Staaten ließen sich kaum aufbauen. Der Online-Buchversand Amazon begrüßt seine Kunden in diesen Stunden mit einem Spendenhinweis für das amerikanische Rote Kreuz; rund 250.000 Dollar sind schon zusammengekommen.

Hier und Jetzt

Diese Ereignisse haben natürlich auch Apple und seine Beschäftigten schwer beeindruckt. Aber die Arbeiten am Fundament für die Erfolge der Zukunft wurden – ganz im Sinne des langjährigen Jobs'-Freundes Larry Ellison von Oracle – unermüdlich fortgesetzt. Und im Herbst des Jahres 2001 galt schließlich noch immer das, was Steve Jobs in San Francisco schon zu Jahresbeginn gesagt hatte: Apple bereitete den Einstieg in den Markt für Mobiltelefone vor. Ein Unternehmen wie Nokia kann deshalb auch nicht behaupten, nicht früh genug vor dem Markteinstieg des neuen Wettbewerbers Apple gewarnt worden zu sein. Denn in dieser Hinsicht war Jobs einmal alles andere als ein Geheimniskrämer.

Ähnliches gilt für seine Einzelhandelsstrategie. Auch der Aufbau der „Apple Stores“ wurde anfangs von Fachleuten als Experiment abgetan, dass vermutlich scheitern würde und deshalb nicht weiter beachtet werden müsse. Wieder hat sich damit mancher verkalkuliert. Und ein Besuch im Apple Store war in jenem düsteren Jahr sowieso eine schöne Abwechslung von der Tristesse, die sich über das Land legen wollte.

XI. San Francisco, 10. Oktober 2001:

Der erste Besuch im Apple Store

Wie werden in der Zukunft Computer verkauft? Auf den ersten Blick gibt das Beispiel des größten Herstellers von Personalcomputern der Welt die eindeutige Antwort: Dell verkauft seine Computer direkt ohne den Umweg über den Einzelhandel. Die Vorteile der Produktion erst nach Bestellung, etwa der schnelle Warenumschlag und niedrige Inventurbestände, sind bekannt. Die jüngste Ankündigung der amerikanischen Einzelhandelskette Staples, künftig in ihren Filialen keine PCs mehr verkaufen zu wollen, mag als weiterer Beleg für den Erfolg der Dell-Strategie gelten.

Vom Außenseiter Apple kommt indes eine völlig andere Antwort. „Nicht mehr der Kauf eines Autos ist in Amerika die schlimmste Konsumerfahrung, die man machen kann, sondern der Kauf eines Computers", sagt Steve Jobs. Um das zumindest im Fall von Apple zu ändern, investiert das Unternehmen allein in diesem Jahr 85 Millionen Dollar und eröffnet auf dem Heimatmarkt 25 in eigener Regie geführte Einzelhandelsgeschäfte. Damit nicht genug: Analysten wie Charles R. Wolf von Needham & Co. gehen davon aus, dass Jobs die Zahl der Filialen bis zum Jahr 2003 auf 100 steigern wird. Jobs hat seine Gründe, von der Dell-Strategie im Fall von Apple abzuweichen. Anders als die Dell-Geräte, die mit den entsprechenden Wettbewerbsprodukten von Compaq, Hewlett-Packard oder etwa Fujitsu Siemens vollkommen austauschbar sind, werden Apple-Computer nicht ausschließlich über den Preis verkauft. Apple hat nach Ansicht von Jobs, der seine Computer eben nicht als Massenware betrachtet, in den vergangenen Jahren aber vor allem deshalb Marktanteile auf dem PC-Markt verloren, weil immer weniger Verkäufer von Computerhändlern in der Lage sind, Kunden beim Kauf zu beraten. Völlig überfordert seien sie, wenn es darum gehe, die Unterschiede und möglichen Vorteile seiner Systeme gegenüber Rechnern zu erklären, die mit dem marktbeherrschenden Betriebssystem Windows arbeiten.

Wie das Verkaufskonzept für das Lebensgefühl der Apple-Gemeinde aussieht, kann man im jüngst eröffneten Geschäft im kalifornischen Palo Alto, der bisher zehnten Filiale des Unternehmens, erfahren. Das Geschäft ist großzügig, hell und modern gestaltet und nicht mit Ware überladen. Alle Computer dürfen eine unbegrenzte Zeit getestet werden und sind mit dem Internet verbunden. Tatsächlich sind auch kompetente Verkäufer zur Stelle, die den Kunden zum Beispiel erklären, wie sich Filme einer digitalen Videokamera auf einem Apple-PC bearbeiten lassen. Es gibt sogar eine „Bar“; hinter dem Tresen steht ein Apple-Fachmann für Fragen aller Art zur Verfügung. Auf einer großen Videoleinwand laufen Schulungsvideos zum neuen Betriebssystem OS X oder über das Brennen von eigenen Musik-Compact-Discs.

Am Eröffnungstag standen die Kunden in Palo Alto vor der Tür dann auch in einer langen Schlange. Doch gibt es unter Branchenkennern längst eine hitzige Diskussion darüber, ob Jobs mit der Filialstrategie einen geschickten Schachzug oder einen großen Fehler gemacht hat. Schließlich ist der Erfolg des zweiten Computerherstellers, der sich in Amerika mit eigenen Filialen versucht, nur mäßig: Apple-Wettbewerber Gateway hat 27 seiner zuvor 326 Filialen schon wieder geschlossen. Anders als Gateway, dessen Computer sonst ebenso wie bei Dell nur im Direktversand zu haben sind, muss sich Apple zudem mit der Kritik von Einzelhändlern auseinandersetzen, die die Marke ebenfalls führen und nun Konkurrenz durch den Hersteller selbst befürchten. Offen bleibt auch, wie die betriebswirtschaftliche Kalkulation von Jobs aussieht. Nach Schätzungen der Marktforschungsagentur IDC muss Apple eine Bruttomarge von 25 Prozent erzielen, um mit den aufwendig gestalteten und mit viel Personal besetzten Filialen profitabel arbeiten zu können.

Zwar hat Apple seine Computer im vergangenen Jahr mit einer Bruttomarge von 27,1 Prozent verkauft. Doch nimmt in den Filialen auch Software von Drittherstellern einen breiten Raum ein, und in diesem Geschäft liegen die Margen deutlich unter 25 Prozent. Im Geschäft mit Windows-PCs sind die Händler schon froh, wenn sie eine Bruttomarge von 10 Prozent erreichen können.

Aber Apple hat alle Kritiker Lügen gestraft. Die Marge sollte mehr als passen; die Zahl der Filialen steigt und steigt. In der aufgeräumten Architektur der Geschäfte und ihrer hellen, freundlichen Inneneinrichtung spiegelt sich die klare Markenphilosophie des Unternehmens wider, einfache und im Design zugleich attraktive Produkte anzubieten. Inzwischen gibt es auf der Welt mehr als 320 Apple Stores. Allein in Deutschland sind es auch schon fünf (in Dresden, Hamburg, Frankfurt, München, Oberhausen – und für Augsburg und den zweiten Laden in Hamburg wird im Sommer 2011 Personal gesucht). Der Erfolg hat zunächst mit einem Produkt zu tun, das es zu der Zeit der Eröffnung der ersten Geschäfte noch gar nicht gab: dem digitalen Musikspieler iPod, einem weiteren Produkt, das inmitten der Krise Gestalt angenommen hat.

XII. Cupertino, 23. Oktober 2001:

Die iPod-Revolution

Carsten Knop

Von: awbrey@apple.com im Auftrag von Alicia Awbrey [awbrey@apple.com]
Gesendet: Monday, October 22, 2001 9:08 AM
An: awbrey@apple.com
Betreff: Invite to Apple event

```
Hello,
  Apple is hosting an event tomorrow and we would be pleased to have you
join us.  The event we be the "unveiling of a breakthrough digital device.
   (hint: it's not a Mac)"

Tuesday, October 23
10:00 am to 12:00 om
Apple Town Hall
1 Infinite Loop
Building 4
Cupertino, California

Please RSVP to me, by 4:00 PM today (Monday Oct. 22).  Hope to see you.

Best regards,
Alicia Awbrey

Alicia Awbrey
Apple
Software PR Program Manager
awbrey@apple.com
408-974-0922
```

So etwas gelingt natürlich nur Steve Jobs. Dem bereits zu Lebzeiten legendären Vorstandsvorsitzenden von Apple hatte eine kryptische Presseeinladung genügt, um in der Computerszene für tagelange Spekulationen zu sorgen. Nur zwei Sätze hatte er fallen lassen: Der Hersteller wolle ein bahnbrechendes, digitales Elektronikgerät vorstellen, hieß es. Damit verbunden war der Hinweis, es handle sich nicht um einen neuen Macintosh-PC, der unter den Apple-Kunden auch liebevoll „Mac“ genannt wird. Schnell wurde in den Internet-Diskussionsforen spekuliert. Ist es ein neuer Taschencomputer? Eventuell einer, der zugleich als Mobiltelefon dient? Oder wird es ein digitaler Musikspieler, ein sogenannter MP3-Player?

Als Jobs in der für ihn typischen Arbeitskleidung – ausgewaschene Jeans und schwarzes T-Shirt – in einem Hörsaal der Apple-Hauptverwaltung im kalifornischen Cuptertino schließlich das Geheimnis buchstäblich aus seiner Hosentasche zieht, haben diejenigen recht behalten, die den Einstieg von Apple in den Markt der Konsumelektronik prophezeit hatten. Doch können viele der Anwesenden einige Minuten nach einer weiteren perfekten Verkaufsveranstaltung von Jobs, der allgemein als bestes Marketinggenie der Welt gilt, Zweifel nicht verhehlen.

„Nur ein MP3-Player?“, wird in der Menge geraunt: Was ist daran bahnbrechend? Zwar war Jobs einmal mehr in seinem Element: „Das ist das Weihnachtsgeschenk für den Mac-Besitzer schlechthin. Darauf bin ich richtig stolz.“ Nur dem einfühlsamen Prediger, von dem man sagt, er könne auch aus heiterem Himmel hartherzig sein, glaubt man so etwas, vielleicht auch ein wenig aus Ehrfurcht, ohne gleich mit dem Kopf zu schütteln. Zugegeben, der Musikspieler mit dem Namen iPod kann Dinge, die Wettbewerbsmodelle nicht beherrschen. Die Speicherkapazität der eingebauten 5-Gigabyte-Festplatte erreicht das Datenvolumen von rund 100 Compact Discs (CD). Das sollte bei den meisten Nutzern für die vollständige CD-Sammlung reichen. Die Batterie-Laufzeit von zehn Stunden ist ebenfalls ungewöhnlich lang. Zudem ist der iPod so klein wie ein Kartenspiel und nur 185 Gramm schwer. Doch ist das Gerät nicht so gebaut, dass es sich auch mit Windows-Rechnern versteht.

Das heißt, dass zunächst überhaupt nur die 6 bis 7 Millionen Mac-Nutzer als iPod-Kunden infrage kommen, die schon heute die zum Abspielen digitaler Musik notwendige „iTunes“-Software auf ihren Computern einsetzen, die gemeinsam mit dem Musikspieler in einer neuen Version vorgestellt worden ist. Und dann der Preis. Das Gerät wird vom 10. November an für rund 1.000 DM zu haben sein. Damit ist der iPod nur rund die Hälfte billiger als ein vollständiger iMac-PC. Jobs ficht das nicht an: „Gemessen an der Speicherkapazität ist das, verglichen mit den Produkten der Wettbewerber, immer noch ein gutes Angebot“, glaubt er.

Doch hatten auch die Analysten an der Wall Street einen größeren Wurf erhofft. Die Apple-Aktie, die nach der Einladung zur geheimnisvollen Produktvorstellung zugelegt hatte, büßte nach der Enthüllung des weißen MP3-Players, der schon bald seinen Platz im New Yorker Museum of Modern Art sicher haben dürfte, zunächst knapp 5 Prozent ihres Wertes ein. Jobs selbst wollte zu den Absatzchancen keine Prognose abgeben. Das Unternehmen werde aber möglicherweise nicht in der Lage sein, den vorweihnachtlichen Bedarf zu decken, sagte er ganz im Ernst. Jobs ist sich seiner Sache so sicher, dass er über eine Unterstützung von Windows zwar nachdenken will. Daran arbeiten sollen seine Entwickler aber nur, „wenn sie dafür Zeit übrig haben". Und natürlich werde beim Gebrauch des iPod mit Windows niemals eine solche Freude aufkommen wie beim perfekten Doppel mit einem Macintosh.

Doch nur wer sehr großzügig aufrundet, kann Apple zu diesem Zeitpunkt einen Weltmarktanteil bei PC von 5 Prozent zubilligen. Die Marke indes ist sehr viel wertvoller, als es der Marktanteil ausdrücken könnte. Und deshalb wollen manche Analysten dem Apple-Vorstoß in die Konsumelektronik doch nicht jeden Sinn absprechen. Der Erfolg wäre sehr, sehr wichtig: Schließlich ist Jobs nach seinem Wiederantritt bei Apple im Jahr 1997 zwar die Rettung des Unternehmens vor dem Konkurs gelungen, aber die Suche nach neuen Umsatzquellen bereitet bisher Schwierigkeiten. „Die mussten deshalb irgendetwas unternehmen", räumt Mark Specker von der Investmentbank Wit Soundview ein.

Hier und Jetzt

Auf der Heimfahrt aus Cupertino wird im Internet nicht mehr das Gerücht, sondern die Neuigkeit diskutiert: Selbst mancher Mac-Fan will dort für den iPod das Schicksal nicht ausschließen, das der erst 2000 vorgestellte „G4 Cube"-Computer genommen hat, der nicht mehr in Verkaufsregalen steht. Man sieht: Auch richtige Apple-Fans können Steve Jobs unterschätzen. Bis zum Sommer 2011 hat Apple mehr als 307 Millionen iPods verkauft. Und die zugehörige Vertriebsplattform für digitale Musik, der „iTunes Music Store" ist zu einem der wichtigsten Absatzkanäle der Musikindustrie überhaupt geworden. Und kaufen und mieten kann man über den iTunes Store inzwischen längst nicht mehr nur Musik, sondern auch Fernsehserien oder Kinofilme.

Ahnungslos vom künftigen Erfolg des iPod, nicht wissend, dass es irgendwann einen Tabletcomputer iPad von Apple mit viel modernerer Technik und ohne schwere, stromfressende Festplatte geben wird, reist Bill Gates einmal mehr zur Comdex nach Las Vegas und verkündet – wegen der Folgen des 11. September unter schweren Sicherheitsvorkehrungen – Neuigkeiten in Sachen Tablet PC.

XIII. Las Vegas, 13. November 2001:

Bill Gates' Hoffnung stirbt noch nicht

Das Thema „Tablet PC“ hat Bill Gates auf der Comdex zu einem Stück in drei Akten ausgebaut. Im vergangenen Jahr hatte Gates während seiner Eröffnungsrede den ersten Prototyp eines solchen tragbaren Computers mit großer Schreibfläche im Format eines DIN-A4-Notizblocks vorgestellt. In diesem Jahr konnte Gates nicht nur funktionierende Prototypen von Acer oder Compaq zeigen, sondern auch von fünf neuen Produktionspartnern berichten. „Und in der zweiten Hälfte des Jahres 2002 werden Sie alle Ihre Mitschriften schon auf einem solchen Tablet PC erledigen“, sagte Gates seinen rund 10.000 Zuhörern voraus. Die Tablet PC arbeiten mit einer besonderen Version des neuen Betriebssystems „Windows XP“, die von Gates zum Auftakt der Comdex ebenfalls vorgestellt wurde. Der Microsoft-Mitbegründer geht davon aus, dass Tablet PCs nach ihrer Markteinführung in einem guten halben Jahr schon in fünf Jahren zum meisterverkauften Personal-Computer-Typ in den Vereinigten Staaten werde. Das Windows-XP-Programm für schon heute existierende Computersysteme wiederum sei zwei Wochen nach seiner Vorstellung des neuen PC ebenso wie in einzelnen Programmpaketen schon insgesamt 7 Millionen mal verkauft worden. Das sei der erfolgreichste Start eines Microsoft-Softwareprodukts aller Zeiten und habe die eigenen Erwartungen übertroffen.

Auch grundsätzlich macht sich Gates über die langfristigen Wachstumsperspektiven seiner Branche keine Sorgen. „Trotz der derzeitigen Abschwächung werden wir in den kommenden zehn Jahren eine Verzehnfachung des Volumens des elektronischen Handels erleben. Die Zahl der E-Mail-Adressen wird sich vervierfachen, und noch viel schneller wird der Zahl der Nutzer sogenannter Instant-Messaging-Systeme wachsen“, sagte Gates. Instant-Messaging-Programme ermöglichen Online-Unterhaltungen in Echtzeit. Jede dieser Entwicklungen fördere den Verkauf von Personalcomputern: Derzeit stehe in jedem zweiten amerikanischen Haushalt ein PC, dieser Anteil werde bis zum Jahr 2010 auf zwei Drittel steigen.

Wieder ist vieles von dem, was Gates in Las Vegas sagt, im Prinzip weitsichtig und richtig. Aber mit den Tablet PCs kommt er zu früh. Die technische Entwicklung ist einfach noch nicht weit genug. Die Prozessoren sind zu langsam, der Speicher ist zu klein, die Geräte sind zu schwer, die Akkus nicht leistungsfähig genug. Auch das Betriebssystem ist für Tabletcomputer nicht optimal geeignet. An leistungsfähige, bequem mit Fingern zu steuernde Bildschirme ist noch nicht zu denken. Bill Gates hat einfach nicht mehr das richtige Timing.

In dieser Hinsicht hat Steve Jobs in diesen Jahren stets die glücklichere Hand. Er beobachtet den Markt genauer, hat Geduld, wenn es gilt, abzuwarten. Geduld – das ist eine Tugend, die Jobs in Fragen des Alltags gar nicht hat, die er sich mit Blick auf solche strategischen Weichenstellungen in seinem zweiten Leben bei Apple aber vielleicht von seinen Filmemachern von Pixar abgeschaut hat. Dort heißt es „You can't rush art." Kunst braucht seine Zeit, jedenfalls im Trickfilmstudio.

Zum Kino hat Jobs eine ganz besondere Beziehung. Denn er ist zu diesem Zeitpunkt neben seiner Arbeit für Apple immer noch zugleich Vorstandsvorsitzender des Trickfilmstudios Pixar, das – anders als zum Beispiel die ehrwürdige Zeichentricksparte von Walt Disney – einen Kinohit nach dem anderen produziert. Fahren wir also zur Zentrale von Pixar auf der anderen Seite der San Francisco Bay. Der Besuch lohnt sich. Es ergeben sich unter anderem Treffen mit Ed Catmull und Pete Docter, die inzwischen für manchen Kassenschlager von Pixar mitverantwortlich sind.

2002

XIV. Emeryville, 13. Januar 2002:

Ein Besuch im Filmstudio von Pixar

„Um Gottes willen, das ist ja Sojasoße. Ich dachte, das sei Essig“ – die Mitarbeiter des Filmstudios Pixar leiden auf einem hohem Niveau. Dafür hat ihr Chef Steve Jobs gesorgt, der nicht nur Vorstandsvorsitzender von Pixar und Apple, sondern auch ein Förderer gesunden Essens ist. Vor Sojasoße zum Salat und Sojamilch im Kaffee muss man sich in der Pixar-Kantine deshalb jederzeit in Acht nehmen. Doch können sich die Angestellten beim Essen dann auch darauf verlassen, dass kein Chef kontrolliert, wie lange sie im lichtdurchfluteten Speisesaal gesessen und danach auch noch Tischfußball gespielt haben. „You can't rush art“, heißt es in „Toy Story 2“, einem früheren Pixar-Film. Kunst entsteht nicht mit Hast. Vier bis fünf Jahre dauert es von der Idee bis zur Premiere, ehe Pixar mit einem Film Kasse machen kann. Ein langer Weg, der mit mancher Spontan-Party, improvisierten Konzerten auf Minibühnen, vielen Videospielen und manchmal auch mit Sojasoße im Salat überbrückt werden muss.

Und Jobs ist mehr als nur der Chef von Pixar. Ihm gehören immer noch 60 Prozent des Kapitals des inzwischen 15 Jahre alten Unternehmens. 1986 hatte Jobs es für 10 Millionen Dollar George Lucas, dem Regisseur der „Star Wars“-Filme, abgekauft. Heute ist Pixar an der Börse notiert und wird dort mit mehr als 1,7 Milliarden Dollar bewertet. Jobs hatte das Unternehmen in den Anfangsjahren eher als Hobby betrieben. Bevor mit „Toy Story“ und der Vertriebsunterstützung von Walt Disney, an den Pixar noch für drei weitere Filme als Partner gebunden ist, die Tür zum Erfolg aufgestoßen wurde, hatte Pixar mehr als einmal vor dem Ruin gestanden. Davon kann heute keine Rede mehr sein. Seit „Toy Story“ sind alle Produktionen Kassenschlager geworden – und das gilt auch für „Die Monster AG“, das jüngste Werk des Filmstudios vor den Toren von San Francisco.

Hier die Eröffnungsszene: Ein Monster schleicht sich im Dunkeln an. Noch schläft das Kind ruhig. Doch der Angstschrei beim Erblicken des furchterregenden Albtraumgeschöpfs kann nicht lange auf sich warten lassen. Plötzlich lautes Gepolter: Bevor das Monster seinem Auftrag nachkommen kann, das kleine Kind nach allen Regeln der Kunst zu erschrecken, rutscht es aus. Chaos im nachgebauten Kinderzimmer. Das Licht wird eingeschaltet. Die Ausbilderin der Monster AG, des Energieversorgungsunternehmens von Monstropolis, das seine Energie aus den Schreien menschlicher Kinder erzeugt, ist entsetzt. Nein, die neuen Kinderschrecks sind noch lange nicht so weit, „echte" Kinder erschrecken zu können.

„An dieser Einstiegsszene haben wir lange gearbeitet", sagt Pete Docter, der Regisseur des Films. „Ursprünglich war geplant, das kleine Kind bis ins Mark zu erschrecken. Das fanden unsere Test-Zuschauer aber überhaupt nicht lustig. Deshalb mussten wir das Monster schon bei seinem ersten Auftritt der Lächerlichkeit preisgeben." Der Film wird für Docter immer etwas Besonderes bleiben. Denn es ist der erste vollständige Kinofilm, den er federführend als Regisseur betreut hat. Docter hatte großen Fußstapfen zu folgen. Die vorherigen Pixar-Filme hatte der mit einem Oscar ausgezeichnete John Lasseter gedreht. Die Umsatzerwartungen an das weltweite Einspielergebnis von „Monsters Inc.", wie der Film in der Originalfassung heißt, wurden noch vor dem Start in Amerika auf die Marke von mehr als 400 Millionen Dollar geschraubt. Ein im Computer produzierter Kinderfilm, der allein für den Jahresumsatz eines gar nicht mehr so kleinen Unternehmens gut ist? „Eines unserer Erfolgsrezepte ist, dass wir keine Filme drehen, die ausschließlich Kinder erreichen sollen", sagt Ed Catmull, Pixar-Präsident, dem wegen der häufigen Abwesenheit des Vorstandschefs Jobs die tägliche Unternehmensführung obliegt. Wichtig sei es, Eltern und Kinder zugleich zu fesseln, eine nach oben und unten offene Altersbeschränkung also. Nur so lasse sich ein hoher Umsatz an der Kinokasse erreichen.

Wie entsteht aber ein Film, dessen Bilder nicht gezeichnet, sondern vollständig vom Computer erzeugt werden – und zwar dreidimensional und so perfekt, dass ein mit traditionellen Methoden produzierter Zeichentrickfilm wie etwa Disneys „König der Löwen" wie ein Werk aus dem Filmmuseum aussieht? Docters Antwort birgt manche Überraschung. Wer hätte gedacht, dass die

Bewegungen der Filmfiguren erst im Computer entstehen, wenn die Schauspieler, die den fiktiven Helden ihre Stimme leihen, ihre Arbeit im Aufnahmestudio erledigt haben? Nachträglich synchronisiert werden nur die Fassungen für die Länder, in denen das Kinopublikum nicht Englisch spricht. „Diese Reihenfolge ist wichtig, denn unsere Computer-Animateure stützen sich bei ihrer Arbeit auch auf die schauspielerische Leistung von John Goodman und Billy Crystal, die den beiden Hauptdarstellern ihre Stimmen gegeben haben", sagt Docter. Die Filme mögen zwar mit der von Pixar entwickelten Software „Renderman" und Hunderten Hochleistungscomputern virtuell gezeichnet werden. Aber vor dem Beginn dieser Rechenarbeit sind nicht weniger tatsächliche Zeichnungen von Darstellern und Kulisse notwendig als bei einem traditionellen Zeichentrickfilm.

Charakterstudien sollen den Computeranimateuren und stimmgebenden Schauspielern die Gesichtsausdrücke und Bewegungsabläufe der Darsteller vermitteln. Einige Aquarelle sollen in bestimmten Szenen ein Gefühl für den Lichteinfall geben. „Die Szenen dürfen aber nicht zu perfekt aussehen. Im Computer ist immer alles perfekt. Im Alltag ist das Gegenteil der Fall. Sehen Sie hier, die Schrammen in meinem Schrank. Oder die Macken an der Wand, die ich mit meinem Roller beim Fahren ins Büro hinterlassen habe. Das ist das richtige Leben, und das muss in den Szenen unserer Filme zum Ausdruck kommen", sagt Docter, in dessen unaufgeräumtem Büro kein Bild gerade hängt.

Ziel von Pixar ist es, den Rhythmus bei der Veröffentlichung neuer Filme auf zwölf Monate zu verkürzen. Noch muss das Unternehmen immer wieder Jahre überbrücken, in denen kein neuer Film auf den Markt kommt, was den Kurs der Aktie schwanken lässt. „Die Verkürzung dieses Rhythmus ist kein technisches, sondern ein kreatives Problem", sagt Catmull. Es sei sehr schwierig, genügend Mitarbeiter zu finden, die die zur Produktion eines erfolgreichen Kinofilms nötige Kreativität mitbrächten.

Hier und Jetzt

In allen Unternehmungen von Jobs wiederholt sich somit das immer gleiche Thema: das Streben nach Perfektion. Nicht jeder Mitarbeiter hält das aus, viele lässt Jobs im Lauf der Jahre ausgelaugt am Wegesrand zurück. Das ist eine seiner schlechtesten Eigenschaften. Wie aber arbeitet einer seiner in Sachen Perfektion wichtigsten Apple-Mitarbeiter, der Chefdesigner Jonathan Ive?

XV. San Francisco, 19. April 2002:

Der Designer Jonathan Ive und ein Fan

Wohl jeder Industriedesigner würde sich wünschen, von seinem Chef einmal so zuvorkommend behandelt zu werden wie Jonathan Ive, der federführende Designer des Computerherstellers Apple. Die besondere Beziehung zwischen Ive und Steve Jobs wurde zuletzt bei der Vorstellung des neuesten iMac-Computers deutlich. Viele Minuten nach dem Ende der offiziellen Vorstellung, als sich der Saal im Moscone-Kongresszentrum in San Francisco schon fast vollständig wieder geleert hatte, kam Jobs noch einmal aus seinem Raum hinter der Bühne hervor, unterhielt sich mit einigen verbliebenen Mitarbeitern – und hatte seinen Arm vertrauensvoll um die Schultern von Ive gelegt. Das Bild hätte deutlicher nicht sein können: Seht her, dieser neue Computer ist unser gemeinsames Baby. Erst etwas später hatte Jobs dann auch einen Kuss für seine Frau übrig. Doch an jenem Tag waren Ive und der iMac die Stars.

Das Beispiel Apple hat beim Blick auf fortschrittliches Industriedesign Tradition, trägt es doch dazu bei, dass Apple für seine Computer deutlich mehr Geld verlangen kann als seine Wettbewerber. Aber auch andere Technologieunternehmen lernen ihre Lektion. Denn das Design, die Verpackung der elektronischen Geräte, in die die Hersteller ihre Chips stecken, wird für den Verkaufserfolg immer wichtiger. Das gilt besonders für die Konsumelektronik, die für das Wachstum der Branche gerade in den Zeiten an Bedeutung gewinnt, in denen sich Geschäftskunden, denen Äußerlichkeiten nicht ganz so wichtig sind, mit der Anschaffung neuer Computer stark zurückhalten. Und weil sich nicht jeder eine eigene Designabteilung wie bei Apple leisten will, ist der Markt auch für ausschließlich auf industrielles Design spezialisierte Unternehmen immer interessanter geworden, die diese Dienstleistung zuliefern.

In Palo Alto, also ganz in der Nähe der Apple-Zentrale, hat die Gesellschaft ihren Sitz, die in dieser Branche Jahr für Jahr die meisten Preise erhält. Sie heißt Ideo, und der Name soll nicht zufällig an frische Ideen erinnern. Ideo hat einst die erste Computermaus für Apple entworfen und war auch für das Design des ersten Laptop-Computers, des vergessenen „Grid Compass", zuständig. Die wichtigste Design-Innovation von Ideo ist der Taschencomputer Palm V, der sich als wegweisend für das Äußere einer ganz neuen Art elektronischer Geräte erwiesen hat. Für den Palm V ebenso wie für den Handspring „Visor" war bei Ideo Dennis Boyle zuständig. An der neuesten Kombination aus Taschencomputer und Handy, dem „Treo" von Handspring, hat Boyle ebenfalls mitgearbeitet. Boyles Gedanken darüber, wie das Design von Computern und Konsumelektronik aussehen sollte, haben mit denen von Ive viel gemeinsam. Das ist hilfreich, weil Ive selbst nur selten zu sprechen ist. Fragen wir also Boyle: „Die Techniker denken immer nur daran, was ihre Technologie alles kann. Wenn sie einen digitalen Musikspieler bauen, fänden sie es, übertrieben ausgedrückt, toll, wenn das Gerät auch Brot toasten könnte“, beschreibt Boyle die Herausforderung, vor der er und seine Kollegen stehen. Dabei bleibe das Design-Prinzip, dass das Einfachste und Klarste oft auch das Schönste und Anwenderfreundlichste sei, in der Regel auf der Strecke. Diese Gefahr werde durch die kurzen Innovationszyklen der Branche noch vergrößert. Wo die Technik so schnell vorankomme, seien andere Dinge als die äußere Gestaltung der Produkte oft wichtiger. Und diese Aussage könnte tatsächlich direkt von Apple stammen. Denn auch Ive glaubt, dass die Branche nach wie vor zu oft von Preis-Leistungs-Vergleichen umgetrieben wird. „Wie schnell? Wie groß ist die Festplatte? Unsere Industrie ist so sehr mit dem Vergleich absoluter Werte befasst, dass Dinge wie das Design, die sich nicht in Maßeinheiten zwängen lassen, in den Hintergrund treten“, hat Ive einmal selbst gesagt.

Ive räumt aber auch ein, dass ein einmal erfolgreiches Design wie eben das des ersten iMac mit seinem Röhrenbildschirm und den verschiedenen Farben einen Designer dazu verleiten könne, mit frischen Ideen für ein neues Produkt vorsichtiger zu werden. Die von Apple zum Start des iMac verbreitete Legende will es dann auch, dass Ive von Jobs erst in seinem Gemüsegarten darauf gebracht werden musste, evolutionäre Gedanken aufzugeben und bei der iMac-Form die revolutionäre Idee von Jobs im Auge zu behalten: „Er soll aussehen wie eine Sonnenblume.“

Ob das nach dem Einfluss der Ingenieure und Controller, die dafür sorgen müssen, dass sich ein solches Produkt auch in großer Zahl effizient herstellen lässt, gelungen ist, müssen die Apple-Kunden nun selbst entscheiden. Genau das ist es aber auch, was nach der Hoffnung von Boyle beim Kauf von Computern immer wichtiger werden wird: die Möglichkeit für den Kunden, sich, ähnlich wie beim Auto, für im Charakter vollkommen unterschiedliche Varianten in ihren Eigenschaften letztlich sehr ähnlicher Produkte entscheiden zu können. Und auch hier ist sich Boyle wieder völlig einig mit Apple und Steve Jobs.

Trifft diese Einschätzung zu, bedeutet das zugleich noch viel Arbeit für Designstudios wie Ideo, ein Unternehmen, das im Valley außer in Palo Alto auch noch in San Francisco mit einem Büro vertreten ist und neben Hightech-Spielzeug manchmal sogar Zahnbürsten, Eisenbahninneneinrichtungen oder Krankenhauswarteräume entwirft. Die größte Inspiration für seine Arbeit schöpft Boyle im Unterschied zu Ive allerdings nicht aus dem Garten seines Chefs, sondern aus dem Verhalten und den Bemerkungen seiner Söhne. „Wenn die fragen, warum man die Rückscheibe in einem Auto nicht herunterfahren kann, geben mir ihre Beschwerden einen guten Einblick in Probleme, die ich allein vielleicht gar nicht erkannt hätte."

Hier und Jetzt

Während Designer, Techniker und Softwareingenieure in dieser Zeit eifrig an der Umsetzung der Vorgabe von Jobs arbeiten, Apple-Geräte mit dem Betriebssystem OS X zum Zentrum des digitalen Lebens der Menschen zu machen, geht natürlich auch das Alltagsgeschäft weiter. Und das verläuft nach wie vor nicht immer so, wie es vor allem Analysten an der New Yorker Wall Street gerne hätten. So zeigt auch das Beispiel Apple in diesen Jahren wieder und wieder, dass einzelne Quartalszahlen von Unternehmen über die langfristigen Perspektiven häufig sehr schlechte Auskunft geben. Das gilt auch für den Anfang des Jahres 2003.

2003

XVI. New York, 9. Januar 2003:

Apple und die Wall Street

Steve Jobs würde es niemals zugeben, doch Apple hat seine Ziele nicht erreicht. Vor gut 20 Monaten hatte das Unternehmen begonnen, in den Vereinigten Staaten Einzelhandelsgeschäfte zu eröffnen. Inzwischen betreibt Apple schon 51 dieser Filialen in Nordamerika. Ziel sollte es sein, den Marktanteil von Apple in Amerika von knapp 5 Prozent kräftig zu erhöhen. Gar von einer Verdoppelung war die Rede. Seit einiger Zeit wird die Grundidee der Geschäfte auf dem Heimatmarkt von Apple zudem mit einer sehr teuren Werbekampagne unterstützt: Die Nutzer des Microsoft-Betriebssystems Windows sollen vom Wechsel zu Apples OS X überzeugt werden.

Doch das Ergebnis ist bisher alles andere als berauschend. Der Marktanteil von Apple ist nach den jüngsten Zahlen der Marktforschungsagentur Gartner Dataquest in Amerika sogar auf unter 4 Prozent gefallen. Auf der ganzen Welt liegt der Marktanteil weiterhin unterhalb von 3 Prozent. Die Aktie hat in den vergangenen zwölf Monaten rund 35 Prozent ihres Wertes verloren. Das Unternehmen ist an der Börse damit nur noch 5,3 Milliarden Dollar wert. Das ist vor allem dann nicht viel, wenn man bedenkt, dass Apple allein 4,3 Milliarden Dollar an liquiden Mitteln in der Kasse hat.

Der Tag, an dem Steve Jobs in San Francisco die zukunftsweisende Eröffnungsrede zur diesjährigen „Macworld“-Messe hält, beginnt deshalb auch mit einer ernüchternden Verkaufsempfehlung für die Apple-Aktie durch die Analysten der New Yorker Investmentbank Merrill Lynch. Nur die Apple-Fans, die sich schon in der Nacht vor der Rede in die Warteschlange vor das Moscone-Konferenzzentrum gestellt hatten, um einen guten Platz im Veranstaltungssaal zu ergattern, wird das nicht gestört haben. Dem für Apple in den vergangenen Jahren so wichtigen Partner Microsoft aber wird nicht entgangen sein, dass Jobs angesichts der schwachen Entwicklung seines Marktanteils weitere Attacken gegen den Softwaremonopolisten aus der Nähe von Seattle reitet.

Neben der Werbekampagne, die Windows offen angreift, stellt Jobs an diesem Tag auf der Macworld ein von Apple selbst programmiertes Internetzugangsprogramm (einen sogenannten Browser) mit dem Namen „Safari" vor. Der Browser soll Internetseiten erheblich schneller aufbauen, als es das Microsoft-Konkurrenzprodukt „Internet Explorer" auf dem Macintosh tut. Ab sofort hat Apple zudem ein Programm mit dem Namen „Keynote" im Angebot, das nahezu alle Aufgaben, die sich mit dem im Office-Paket von Microsoft enthaltenen Präsentationsprogramm „Powerpoint" erledigen lassen, ebenfalls beherrscht und im Zweifel optisch erheblich ansprechender aufbereitet. Die Programme haben einen tieferen, strategischen Sinn. Sie sollen Apple von der Unterstützung durch Microsoft unabhängiger machen. Nach ihrer Vorstellung würde für Apple keine Welt mehr zusammenbrechen, wenn Microsoft sich entschiede, für den Mac keinen eigenen Internetbrowser mehr anzubieten – oder gar die Unterstützung des Office-Programms einzustellen.

Die Merrill-Analysten wiederum beklagen bei ihrer Verkaufsempfehlung, vermeintlich vorausschauend, dass die Apple-Produktpalette recht „dürftig" sei. Daran hat sich auf der Macworld, die im vergangenen Jahr noch die Einführung des viel beachteten „iMac"-Computers mit Flachbildschirm und Sonnenblumen-Design gesehen hatte, nicht viel geändert. Wer auf schnellere Prozessoren gewartet hatte, die Apple dringend braucht, um den immer größeren Abstand zur Welt der Intel-Chips zu verkürzen, wurde enttäuscht. Stattdessen stellt Jobs den größten Laptop aller Zeiten mit einer Tastatur vor, die im Dunkeln blau schimmert, und den bisher kleinsten Apple-Laptop, der beim Design jedoch stark an das längst auf dem Markt eingeführte „iBook" erinnert. Auch konnte Jobs davon berichten, dass die Hälfte aller Käufer in seinen Einzelhandelsgeschäften frühere Windows-Nutzer seien und der Umsatz „genau im Plan" liege. Der digitale Musikspieler iPod schließlich habe sich zu einem Verkaufsschlager entwickelt. Bei Merrill Lynch aber heißt es ganz nüchtern: „Wir erwarten weitere Marktanteilsverluste."

Inzwischen weiß man, dass das zu kurzfristig gedacht war. Vor allem Potential des iPod haben die Analysten vollkommen unterschätzt. Tatsächlich ist das Gerät in den folgenden Jahren dazu in der Lage, Apple Schritt für Schritt immer neue und breitere Kundenschichten zu erschließen. Die Ironie der Geschichte: Die einst so stolze New Yorker Investmentbank Merrill Lynch sollte sich auf eine weniger nachhaltige Existenz freuen können als Apple. Das Institut hat die Finanzkrise wenige Jahre später nicht gut überstanden und musste schließlich 2008 von der Bank of America übernommen werden.

Und noch eine andere amerikanische Institution sollte in den kommenden Jahren am Erfolg eines Projektes von Steve Jobs verzweifeln. In diesem Fall handelt es sich um die ehrwürdige Walt Disney Company einerseits und das Pixar-Filmstudio von Jobs andererseits.

XVII. San Francisco, 8. Februar 2003:

Poker mit Disney und Michael Eisner

Steve Jobs geht einem Streit nur selten aus dem Weg. Das gilt für seinen Führungsstil bei Apple ebenso wie für den Umgang mit seinen Geschäftspartnern bei Pixar, dem Filmstudio, an dem Jobs rund 60 Prozent des Kapitals hält. Zu Zeit pokert Jobs mit seinem Pixar-Vertriebspartner, dem Medienkonzern Walt Disney. Grund für den Zwist ist nicht etwa mangelnder Erfolg. Im Gegenteil: Das 16 Jahre alte Unternehmen, das Jobs 1986 für 10 Millionen Dollar George Lucas, dem Regisseur der „Star Wars"-Filme, abgekauft hat, produziert computeranimierte Kassenschlager mit Namen wie „Die Monster AG", „Toy Story" oder „Das große Krabbeln" – einen nach dem anderen.

Pixar wird vom Kapitalmarkt inzwischen mit mehr als 2,8 Milliarden Dollar bewertet. Noch vor einem Jahr hatte der Wert um rund 1 Milliarde Dollar niedriger gelegen. Erst jüngst wurde die Ergebnisprognose für das vierte Quartal 2002 deutlich übertroffen. Jobs und Disney bewegt aber mehr die Frage, wie viel von dem mit den Filmen verdienten Geld künftig in der Kasse von Pixar ankommen soll.

Der Vertrag von Disney und Pixar sieht vor, dass die Einnahmen geteilt werden. Dies soll aber erst nach Abzug einer Gebühr zwischen 10 und 15 Prozent für die Marketing- und Vertriebskosten so sein, die in der Kasse von Disney landet. Im Gegenzug schultern beide Partner Produktionskosten in gleicher Höhe. Zudem hat Disney sämtliche Rechte an der Vermarktung der Pixar-Filmfiguren, muss sich aber auch die Einnahmen aus diesem Geschäft mit Pixar teilen.

Lucas macht mit seinem Vertriebspartner 20th Century Fox bei den „Star Wars"-Filmen ein sehr viel besseres Geschäft. Fox darf eine Vertriebsgebühr von 6 Prozent von den Einnahmen abziehen, der Rest geht an Lucas, der die Filme dann aber auch auf eigene Kosten produziert. Pixar ist zwar noch für drei weitere Filme und damit bis zum Jahr 2005 an Disney als Vertriebspartner gebunden. Doch mit der Fertigstellung des nächsten Films, einer Unterwassergeschichte, die in Amerika im Sommer mit dem Titel „Finding Nemo" in die Kinos kommen wird, kann Jobs beginnen, nach einer Alternative zur Zusammenarbeit mit Disney zu suchen. Schon stehen die Interessenten in der Pixar-Zentrale im kalifornischen Emeryville Schlange. Vor wenigen Tagen wurden Führungskräfte des Filmstudios Warner Brothers auf dem Pixar-Gelände gesehen.

Auch Vertreter von Sony waren schon da. „Natürlich würden wir gerne mit Pixar Geschäfte machen", sagte dazu Sony-Vice-Chairman Yair Landau. Auf einen Besuch von 20th Century Fox wartet Jobs offenbar noch, doch hat er nun auch offiziell eingeräumt, dass Gespräche mit anderen Vertriebspartnern geführt werden. Eine Verlängerung der Partnerschaft mit Disney „in einer neuen Form" sei zwar wünschenswert, aber „alles andere als sicher".

Sicher ist hingegen, dass Disney den Erfolg von Pixar im Moment besonders gut gebrauchen kann und Disney-Chef Michael Eisner in einer schlechten Verhandlungsposition steckt. So hat die jüngste Pixar-Produktion „Die Monster AG" allein an amerikanischen Kinokassen 256 Millionen Dollar eingespielt. Der letzte Zeichentrickversuch von Disney mit dem Titel „Treasure Planet" war dagegen ein Flop, der über Einnahmen von 36 Millionen Dollar nicht hinausgekommen ist, während die geschätzten Produktionskosten bei rund 140 Millionen Dollar gelegen haben. Und selbst „Lilo & Stich", der erfolgreichste Disney-Zeichentrickfilm der jüngsten Vergangenheit, hat auf dem Heimatmarkt lediglich ein Einspielergebnis von 146 Millionen Dollar erzielt.

Pixar wiederum hat seit 1999 rund 680 Millionen Dollar zum Betriebsergebnis der Disney Filmstudios beigetragen, was einem Anteil von 35 Prozent entspricht. Deshalb wundert es nicht, dass Jobs für Pixar gerne einen größeren Teil des Kuchens abschneiden würde. Jobs weiß aber auch, dass Pixar mehrfach vor dem Ruin gestanden hat, bevor mit „Toy Story" und der Disney-Vertriebsunterstützung die Tür zum Erfolg aufgestoßen worden ist. Gegenüber der „Los Angeles Times" hat Jobs das Verhältnis zu Disney im vergangenen Jahr deshalb mit einer langen Beziehung von zwei Menschen verglichen, die ebenfalls ihre Höhen und Tiefen habe. Auf die Frage, wie er seine Beziehung zu Eisner beschreiben würde, sagte Jobs: „Darüber sollten wir besser nächstes Jahr wieder sprechen."

Damals hatte Eisner vor einem Ausschuss des amerikanischen Kongresses einen Werbeslogan von Apple („Rip, Mix, Burn") als Aufforderung an Computernutzer bezeichnet, urheberrechtlich geschützte Musikstücke zu kopieren. Das hatte Jobs Eisner übelgenommen, doch soll sich Eisner für seine Aussage entschuldigt haben. Der Disney-Chef weiß, dass Pixar es sich inzwischen ebenso wie Lucas leisten könnte, die Produktion seiner Filme allein zu bezahlen. Das Unternehmen hat rund 350 Millionen Dollar liquide Mittel, keine Schulden und freut sich über eine Bruttomarge von rund 40 Prozent.

Die bisher vier Pixar-Filme haben auf der ganzen Welt ein Einspielergebnis von rund 1,7 Milliarden Dollar erzielt. Wie zu hören ist, hat Eisner deshalb inzwischen signalisiert, verhandlungsbereit zu sein. Doch hat er mit Jobs einen ihm in seiner Sturheit ebenbürtigen Verhandlungspartner gefunden.

Hier und Jetzt

Die Verhandlungen werden sich noch sehr lange hinziehen. Erst am 24. Januar 2006 gibt der Medienkonzern Walt Disney bekannt, dass er Pixar für 7,4 Milliarden Dollar übernehmen werde. Als Teil der Übernahme wurde Pixar-Chef Steve Jobs als Mitglied in den Verwaltungsrat von Disney aufgenommen. Zudem wird Jobs größter Einzelaktionär bei Disney. Eisner und Jobs hatten es allerdings nicht mehr geschafft, sich zu einigen. Das sollte erst Bob Iger, Eisners Nachfolger an der Spitze von Disney, gelingen. Zu dessen Nachteil war die Entscheidung auch nicht: Iger zählt auch mit der Hilfe von Pixar derzeit zu den am besten bezahlten Vorstandsvorsitzenden in Amerika.

Noch im Jahr 2003 sollte ich aber die Möglichkeit haben, Steve Jobs während einer Apple-Messe in Paris auch persönlich kennenzulernen. Das Ganze erweist sich als ein Lehrstück zu der Frage, wie hierarchisch das Unternehmen Apple aufgebaut ist: Der deutsche Pressesprecher von Apple, der im Unternehmen einen blendenden Ruf genießt, begleitet mich bis zur Treppe und verabschiedet sich. Dann führt mich ein Kollege die Treppe hinauf. Von hier führt mich ein weiterer Kollege zu der Tür, hinter der schließlich Jobs zu finden ist. Die Tür öffnet sich – dort nimmt mich wieder ein weiterer Öffentlichkeitsarbeiter in Empfang und stellt mich schließlich Jobs vor. Derartiges habe ich davor und danach nie wieder bei einem Vorstandsvorsitzenden erlebt.

Im Gespräch selbst gibt sich Jobs freundlich, geradezu erholt. Weitschweifige Ausführungen aber sind seine Sache nicht. Er antwortet höflich, aber kurz. Im Laufe des Gesprächs scheint er eher daran interessiert zu sein, einen Eindruck von diesem Journalisten zu bekommen, der ihm da gegenübersitzt, als selbst besondere Neuigkeiten preisgeben zu wollen. Jobs präsentiert sich nicht als Tyrann, aber er dominiert den Raum. Dazu braucht er nichts als intellektuelle Präsenz, seine Stimme und seinen Blick. Das Gespräch liegt nun schon einige Jahre zurück. Es ist aber noch immer eines der ganz wenigen Wortlaut-Interviews mit Jobs, die für den deutschen Sprachraum geführt worden sind.

XVIII. Paris, 20. September 2003:

Ein Interview mit Steve Jobs

„Hi“, sagt Jobs bei der ersten persönlichen Begegnung in Erwartung vieler Fragen. Nur zu seiner Person sollten besser keine Fragen gestellt werden, das war von Beginn an klar. Denn es gehe ja um das Unternehmen, nicht um ihn. Nur gibt es wohl kaum ein Unternehmen auf der Welt, dessen Geschäftstätigkeit sich so wenig von der Person seines Vorstandsvorsitzenden trennen lässt wie Apple. Jeder Journalist, der sich mit Jobs trifft, um über sein Unternehmen zu sprechen, hofft deshalb, die Fragen zu stellen, die ihn dazu verleiten können, vielleicht doch etwas über sein Leben preiszugeben. Dabei lässt sich dann recht schnell feststellen, dass Bescheidenheit, jedenfalls zu diesem Zeitpunkt, keine Charaktereigenschaft von Jobs ist.

Herr Jobs, Ihre Branche hat drei schlimme Krisenjahre hinter sich. Wie wird es weitergehen?

Ich erwarte, dass sich die Computerindustrie weiter konsolidieren wird. Dabei denke ich aber nicht unbedingt an Zusammenschlüsse von Unternehmen. In der Regel kommt bei solchen Fusionen nicht viel heraus. Vielmehr werden einige Anbieter ganz aus dem Markt verschwinden.

Können Sie Namen nennen?

Die künftige Position von Gateway ist sehr unsicher. Und ich kann mir auch vorstellen, dass sich Sony irgendwann wieder ganz aus dem Geschäft mit Personalcomputern zurückziehen wird. Bis auf Dell und Apple verlieren doch alle nur Geld. Bei unseren Wettbewerbern sind in den vergangenen Jahren auch viele Mitarbeiter entlassen worden. Bei uns keiner.

Hatten Sie nicht einfach nur Glück, zu Beginn der Krise ein schon recht schlankes Unternehmen führen zu dürfen, in dem Entlassungen allein deshalb nicht mehr nötig waren?

Unser Erfolg hat mit Glück nichts zu tun. Wir arbeiten hart. Das ist alles.

Ihr Marktanteil in Europa hinkt dem in Amerika hinterher. Wird sich die Lücke schließen lassen?

Gerade die große Verbreitung von Breitbandzugängen zum Internet wie DSL in Deutschland sollte uns künftig sehr zugutekommen, da unsere Programme etwa für Videokonferenzen davon stark profitieren.

Können Sie sich vorstellen, in Deutschland bald eigene Apple-Geschäfte zu eröffnen wie in den Vereinigten Staaten?

Was meinen Sie, wo sollten wir die eröffnen?

Vielleicht in Berlin, München, Köln, Frankfurt ...

Gute Idee, wir werden darüber nachdenken.

Was heißt das? Kommen solche Läden nun tatsächlich?

Das haben wir nicht beschlossen. Bisher weiß ich nur, dass zum Jahreswechsel ein Geschäft in Tokio eröffnet wird.

Wo wird denn angesichts der Konsolidierung unter Ihren Wettbewerbern Apple in den kommenden Jahren stehen? Wie können Sie wachsen?

Mit unseren neuen Laptops, von denen wir hier in Paris gerade wieder drei verbesserte Modelle vorgestellt haben, jagen wir unserer Konkurrenz Marktanteile ab. Das haben die vergangenen Quartale gezeigt. Die anderen wollen uns nur nachbauen, was ihnen aber nicht gelingt. Zudem ist Apple in diesem wachstumsträchtigen Geschäft hervorragend positioniert.

Wie sieht das in Zahlen aus?

Der Anteil der tragbaren Computer an unseren verkauften Stückzahlen hat zuletzt bei 42 Prozent gelegen. In der gesamten Branche aber bei lediglich 24 bis 25 Prozent. Das sind unsere Wachstumstreiber. Hinzu kommt die Einführung des neuen Standgeräts Power Mac G5. Das ist der schnellste Personalcomputer der Welt. Darauf haben vor allem unsere professionellen Kunden lange gewartet. Und bis Mitte 2004 werden unsere G5-Prozessoren eine Taktgeschwindigkeit von 3 Gigahertz erreichen. Die drahtlose Datenkommunikation hingegen ist kein wirklicher Wachstumsmotor, sondern eine Selbstverständlichkeit geworden, die wir seit Jahren anbieten.

Haben Sie ein Ziel, wie sich der Anteil der Notebooks an Ihren Stückzahlen in der Zukunft entwickeln soll?

Innerhalb der nächsten Quartale wird der Anteil auf die Hälfte steigen.

Haben Sie da keinen größeren Ehrgeiz? Diesen Anteil haben Sie ja schon fast erreicht.

Wie schnell das geht, ist letztlich nicht entscheidend. Was zählt, ist, dass immer mehr Kunden verstehen, dass unsere Laptops erheblich besser geworden sind, schneller, mit größeren, wirklich guten Bildschirmen – das reißt viele Barrieren ein.

Wie lange muss ein Kunde, der jetzt einen neuen G5-Rechner bestellt, auf die Auslieferung warten?

Gar nicht. Die beiden Modelle mit einem Prozessor werden längst in großen Volumina produziert. Die kann man in den Geschäften sofort mitnehmen. Und das Gerät mit zwei Prozessoren wird in Kürze auch in Deutschland überall zu haben sein.

Sie haben also keine Lieferprobleme?

Lediglich bei den Kunden, die ihre iPod-Musikspieler nicht so schnell bekommen, wie sie es gerne wollen, entschuldige ich mich. Wir arbeiten daran und bauen sie, so schnell wir können.

Bisher haben Sie allein in den Vereinigten Staaten zehn Millionen Musikstücke über das Internet verkauft. Das ist ein unerwarteter Erfolg, doch wann kommt Ihr Music Store auch nach Europa?

Wir arbeiten auch daran, aber es gibt noch einige Lizenzfragen mit der Musikindustrie zu klären. Das gilt für jedes einzelne europäische Land. Ich hoffe, dass wir im nächsten Jahr so weit sind.

Ihr Online-Handel mit Musik funktioniert nur auf Apple-Computern. Wann wird es ein entsprechendes Angebot auch für das marktbeherrschende Betriebssystem Windows von Microsoft geben?

Wir sind auf sehr gutem Weg, unseren Music Store in den Vereinigten Staaten noch in diesem Jahr auch für das Betriebssystem Windows anzubieten.

In den Vereinigten Staaten hat die Musikindustrie damit begonnen, Nutzer von Tauschbörsen zu verklagen. Profitiert davon das legale Angebot von Apple?

Das ist eine Sache der Musikindustrie, die zurzeit ganz offensichtlich Schwierigkeiten hat. Dazu möchte ich nichts weiter sagen. Sicher ist, dass sich Apple, um in einem Bild zu sprechen, in diesem Geschäft lieber auf das Zuckerbrot, also das Angebot von Musik, konzentriert und nicht mit der Peitsche der Gerichte droht. Irgendwann wird man rückblickend sagen, dass der Apple Music Store einen unglaublichen Zeitenwechsel im Musikgeschäft eingeläutet hat.

Wird es Nachahmer geben?

Unser Angebot lässt sich nicht einfach nachbauen. Darin steckt viel eigene Apple-Erfahrung, angefangen vom iTunes-Programm auf dem Computer bis hin zur technischen Abwicklung des Herunterladens der Lieder und ihrer Bezahlung.

Dem Unternehmen Apple Corps Ltd., der britischen Gesellschaft, die die wirtschaftlichen Interessen der Beatles vertritt, scheint die Ausdehnung Ihrer Marke Apple auf das Musikgeschäft hingegen nicht zu gefallen. Jetzt sind Sie mit einer Klage konfrontiert. Wie wird es weitergehen?

Möglicherweise werden wir unsere unterschiedlichen Ansichten über die Auslegung eines alten Vertrags über Markenrechte mit der Apple Corps vor Gericht klären müssen. Das wird gelingen. Und wir werden die Beatles auch in der Zukunft lieben.

Jedenfalls folgen Ihnen im Musikgeschäft die Kunden, was sich ja an den Verkaufszahlen des digitalen Musikspielers iPod zeigt.

Ja, den iPod haben wir in den 20 Monaten nach seiner Vorstellung schon mehr als eine Million Mal verkauft. Damit ist Apple unter den Anbietern digitaler Musikspieler Marktführer, sowohl gemessen an der Stückzahl als auch gemessen am Umsatz.

Von einer solchen Marktposition sind Sie in Ihrem angestammten Geschäft mit Personalcomputern allerdings weit entfernt. Ihr Marktanteil liegt in Europa bei rund 3 Prozent, in Amerika bei vielleicht 5 Prozent. Ist das nicht auf die Dauer viel zu wenig?

Der Marktanteil, den wir in unserer Branche haben, ist immerhin höher als der, den BMW in der Autoindustrie hat.

Reicht das denn?

Das sollte reichen. Uns geht es gar nicht darum, Massenware wie einen Ford anzubieten, sondern der innovativste Hersteller von Personalcomputern der Welt zu sein.

Werden Sie diesem Anspruch gerecht?

Ja. Zudem sind wir mit unserem Betriebssystem OS X der Marktführer unter den Anbietern sogenannter Unix-Betriebssysteme, das ist doch auch schon etwas. Und wir sind der Marktführer mit Programmen zum Videoschnitt.

Apple verfügt über hohe liquide Mittel. Ist der Zukauf eines Unternehmens vorstellbar?

Klar. Auf welchem Gebiet?

Hier und Jetzt

Danach verlässt man Jobs mit einem etwas mulmigen Gefühl: Hat man in kritisch genug befragt? Hat Jobs das Gespräch nicht zu sehr dominiert? Hätte man es doch einmal mit einer persönlichen Frage versuchen sollen? In jedem Fall wurde klar, dass Jobs davon überzeugt ist, dass sein Unternehmen das hohe Innovationstempo der vergangenen Jahre beibehalten kann – womit er recht behalten sollte. Auch Jobs' Aussagen mit Blick auf den großen Erfolg des iTunes Music Store werden sich bewahrheiten. Die Verständigungsmöglichkeit der iPods mit dem Windows-System wird für den endgültigen Durchbruch sorgen.

Für seine Computer-Standgeräte hingegen setzt der Apple-Chef in Paris auf einen Absatzerfolg seiner „Power Mac G5"-PCs. Dabei handelt es sich nach seinen Worten um den schnellsten Personalcomputer der Welt. Das war vermutlich übertrieben. Das Entscheidende aber ist, dass dazu ein neuer Mikroprozessor beitragen soll, der von Apple und dem Computer- und Chiphersteller IBM gemeinsam entwickelt worden ist. Dieser neue Chip soll bis zum Sommer des nächsten Jahres eine Taktgeschwindigkeit von 3 Gigahertz erreichen. Zur jener Zeit kommt das Spitzenmodell auf eine Taktrate von 2 Gigahertz. Im Unterschied zu anderen Prozessoren wie dem Pentium-Chip von Intel rechnet der Apple-IBM-Prozessor auch schon mit einer Datenbreite von 64 Bit und nicht mehr mit lediglich 32 Bit. Das ist an und für sich wegweisend und inzwischen ebenfalls Industriestandard. Doch genau diese Prozessoren sollen für Jobs noch zu einer riesigen Enttäuschung werden. Die Taktgeschwindigkeit von 3 Gigahertz wird nicht erreicht. In Jobs reift deshalb der radikale Entschluss, den Prozessorhersteller des Unternehmens zu wechseln. Bald darf sich Intel auf einen prestigeträchtigen Auftrag freuen, aber noch ist es nicht so weit.

Ein Gespräch mit Jobs inspiriert zudem zu Gedanken über die Frage, warum gerade das Silicon Valley solche Typen und Erfolgsgeschichten hervorbringt. Das Erschütternde daran, jedenfalls aus deutscher Sicht: Was man schon damals hierzulande als Missstand erkennen konnte, ist es auch heute noch. Trotz aller Bemühungen der Politik. Davon zeugt ein Leitartikel von mir, der zu jener Zeit in der Frankfurter Allgemeinen Zeitung erschienen ist – und in allen seinen Kernaussagen bis heute Gültigkeit hat:

„Was ist eine risikobereite, innovationsfreudige Gesellschaft, und wo gibt es sie noch? Jedenfalls nicht oder nicht mehr in Deutschland, wohl aber im kalifornischen Silicon Valley, der weltberühmten Hochtechnologieregion zwischen den Städten San Francisco und San Jose. Dort heißt Risiko einerseits, dass zwischen den Jahren 1992 und 2000 mehr als 470.000 neue Arbeitsplätze entstanden sind. Risiko heißt dort aber auch, dass davon mehr als ein Viertel in nur zwölf Monaten zwischen 2001 auf 2002 wieder verloren gegangen sind. In Deutschland wurde der Aufstieg interessiert begleitet, der Abstieg indes mit größter Schadenfreude kommentiert. Das deutsche Wort Schadenfreude kennen daher auch die Amerikaner gut. Für das Gefühl, das den Amerikanern wesensfremd ist, finden sie selbst kein besseres Wort. Der mit unternehmerischem Risiko zwangsläufig verbundene Misserfolg wird nicht als Versagen gewertet, sondern als Erfahrung, aus der man lernen kann. Das ist den Deutschen schon oft gesagt worden. Doch ein Bankrott gilt hier immer noch als totale Katastrophe, die einen Neuanfang, zumal als Unternehmer, nahezu unmöglich macht. Das verhindert Innovationsfreude.

Risikobereitschaft braucht Risikokapital; folgerichtig will die SPD den Zugang zu Wagniskapital erleichtern. Wie aber will der Staat das erreichen? Von der etablierten Kultur der Risikokapitalgeber, wie sie an der Sand Hill Road im kalifornischen Menlo Park in den vergangenen Jahrzehnten entstand, ist Deutschland weit entfernt. Die deutschen Banken haben das Risiko angesichts der faulen Kredite, die sie in ihren Büchern gerade erst bereinigen mussten, wohl noch nie so sehr gescheut wie heute. Und der Nährboden, für den die deutschen Wagniskapitalgeber sorgen müssten, macht seit einiger Zeit ebenfalls einen recht ausgetrockneten Eindruck.

Im Silicon Valley ist das auch in schlechten Zeiten anders. Dort sind selbst im sehr mageren Jahr 2002 mehr als fünf Milliarden Dollar investiert worden, noch mehr Geld war auf der Suche nach vielversprechenden Anlagemöglichkeiten. Amerikaner und Zugereiste im Valley sind anders als Deutsche jederzeit dazu bereit, die Krise als Chance zu nutzen, sich immer wieder neu zu erfinden. Als die Kultur der Internet-Neugründungen nach dem Jahr 2000 zu Ende ging, begann das Silicon Valley deshalb notgedrungen, aber auch mit Schwung, sich neuer Herausforderungen in der Biotechnologie, der drahtlosen Datenkommunikation oder der Nanotechnologie anzunehmen. Dabei handelt es sich in vielen Fällen noch um zarte Pflänzchen – immerhin aber wurde gepflanzt, und zwar von Forschern und Unternehmern aus vielen Nationen. Das höchste Kompliment von einem Silicon-Valley-Pionier wie Steve Jobs ist der Kommentar: „He is a smart guy." Nur das, was jemand im Kopf hat, zählt. Eingestellt wird, wer etwas kann, gleichgültig, woher er kommt.

Dabei behindern keine starren Tarifverträge, vielmehr locken Beteiligungen am künftigen Erfolg des Unternehmens. Ein Drittel der im Valley tätigen Ingenieure stammt aus China und Indien; ein Drittel der im Valley lebenden Menschen ist nicht in Amerika geboren. Schon immer hat das Valley von seinen Zuwanderern gelebt, die durchaus wissen, dass sie im sonnigen Kalifornien nicht zwangsläufig reich werden. Auch wissen sie, dass das Leben und Wohnen dort sehr teuer ist. Doch sie sind bereit, diese Belastungen in Kauf zu nehmen, auf Sicherheiten zu verzichten, weil ihnen die Chancen so verlockend erscheinen.

Den Grundstein für die Internationalität legen dabei die Universitäten mit ihrem hohen Anteil ausländischer Studenten. Dass diese den Weg ins Valley finden, hat nicht allein mit der Attraktivität der dortigen Universitäten Stanford oder Berkeley zu tun, sondern auch damit, dass gerade deutsche Universitäten in der Regel beim Werben um gute Studenten und wissenschaftliches Personal aus anderen Ländern zu zurückhaltend sind. Es ist auch nicht allein die räumliche Nähe von Wissenschaft und Wirtschaft, die im Valley zur Innovationsfreude führt. Wäre ausschließlich die in Kilometern messbare Entfernung von Universitäten zu Unternehmen entscheidend, müsste Deutschland bei der gegenseitigen Befruchtung dieser beiden Pole viel erfolgreicher sein. Tatsächlich spielen hier abermals unterschiedliche Mentalitäten eine wesentliche Rolle. Deutsche Universitäten stellen sich zu wenig dem Wettbewerb, werden zu selten unternehmerisch geführt.

Gegenüber Partnern aus der Wirtschaft gibt es an den deutschen Hochschulen in der Regel noch immer viele Berührungsängste. Selbstverständlich gilt es, Unabhängigkeit und Forschungsfreiheit zu bewahren. Doch würde niemand der Stanford-Universität unterstellen, diese Werte zu gefährden, nur weil die Hochschule Partnerschaften dort eingeht, wo sie sie finden kann. Die deutschen Unternehmen werden ihre Forschungsausgaben in der Heimat nicht allein deshalb erhöhen, weil dies die Regierungspartei nun wünscht, sondern nur dann, wenn sich die Rahmenbedingungen für solche Investitionen erheblich verbessern. Das setzt zwar durchaus Gesetze und Verordnungen voraus, die Innovationen nicht behindern. Doch wird es solche Gesetze so lange nicht geben, solange der Bewusstseinswandel in der Bevölkerung ausbleibt – hin zu größerer Risikotoleranz, zum Beispiel gegenüber der Gentechnik. Größere Risikofreude brauchen auch die Arbeitnehmer, die zum Teil lieber in der Heimat arbeitslos bleiben, als zu einem Job in die Ferne zu ziehen. Ein Bewusstseinswandel aber ist auch zu fordern von ideenlosen Unternehmern, die zuerst nach Subventionen rufen, von Banken, die stur nach Sicherheiten fragen, und von den Wissenschaftlern, die der Wirtschaft misstrauen."

So ist die Lage in Deutschland, sie wird so bleiben. Steve Jobs und seine Apple-Mitarbeiter im fernen und viel sonnigeren Kalifornien muss das nicht bedrücken. Unter Jobs' Anfeuerungsrufen („be insanely great", „seid wahnsinnig großartig") entwickeln sie einfach das nächste Produkt. Jobs profitiert dabei stets von der Kreativität der hochqualifizierten Arbeitskräfte, die das Silicon Valley aus der ganzen Welt anzieht. Und wer dem Druck bei Apple nicht standhält, der geht eben wieder.

2004

XIX. San Francisco, 8. Januar 2004:

Steve Jobs bringt einen neuen iPod

Die sensorische Prüfung des begehrten Produkts ist für Freunde der Computermarke Apple schon lange ein wichtiger Punkt für die Kaufentscheidung. Wer seine Finger über das jüngste Mitglied der Familie der digitalen Musikspieler gleiten lässt, die bei Apple iPod heißen, kann sich an eloxiertem Aluminium in fünf verschiedenen Farben freuen. Denn auf Anmutung und Optik kommt es bei Apple an, spätestens seitdem der Mitbegründer Steve Jobs wieder an der Spitze des Unternehmens steht. Daher kann der iPod-Kunde nun ganz nach Geschmack zwischen Silber, Gold, Pink, Blau und Grün wählen. Andere Computerhersteller haben nie ganz begriffen, warum so etwas jenseits der technischen Daten eines Geräts wichtig sein könnte. Doch Apple lebt von dieser Erkenntnis – und kann dafür Premiumpreise verlangen.

Das gilt für die Personalcomputer des Hauses ebenso wie für den neuen iPod Mini, der nicht nur der bisherigen Farblosigkeit der Apple-Musikspieler ein Ende bereitet, sondern auch so klein ist wie sonst nur eine Visitenkarte, aber natürlich etwas dicker. Das digitale Musikvergnügen im Miniformat, das von Jobs entsprechend der vorangegangenen Erwartungen auf der Macworld-Messe in San Francisco nun tatsächlich vorgestellt worden ist, wird in Europa allerdings 299 Euro kosten. Dafür bekommt der Käufer zwar ein Gerät mit einer 4 Gigabyte großen Festplatte, auf der sich bis zu 1.000 Musikstücke speichern lassen. Doch erscheint der Preis in ersten Reaktionen einschlägiger Internet-Diskussionsforen selbst hartgesottenen Apple-Anhängern in Europa etwas hoch zu sein, denn Jobs kündigte in seiner Rede für die Vereinigten Staaten einen Verkaufspreis von lediglich 249 Dollar an. Das entspricht angesichts des aktuellen Dollarwechselkurses und ohne die Berücksichtigung von Steuern umgerechnet einem Preis von weniger als 200 Euro.

In San Francisco fanden solche Bedenken angesichts der guten Stimmung zum 20. Geburtstag des Apple Macintosh-Computers indes noch kein Gehör. Vielmehr konnte sich Jobs darüber freuen, allein im vierten Quartal des vergangenen Jahres 730.000 iPod-Geräte verkauft zu haben. Im Schlussquartal des Apple-Geschäftsjahres 2002/03 (30. September) war der iPod nur 336.000 Mal verkauft worden, was gegenüber dem Vorjahr allerdings schon einer Steigerung um 140 Prozent entsprochen hatte. Damit ist Apple im wichtigen Wachstumsmarkt der digitalen Musikspieler mit einem Anteil von mehr als 30 Prozent Marktführer. Gemessen am Umsatz liegt der Anteil angesichts der vergleichsweise hohen Preise sogar noch höher. Apple verteidigt diese Marktposition über sein Design, mindestens in den Vereinigten Staaten aber auch durch den Erfolg des iTunes Music Store, den es in Europa bisher noch nicht gibt. Über diesen Online-Musikvertrieb hat das Unternehmen in Amerika seit dem Start im April 2003 nach den Angaben von Jobs mehr als 30 Millionen Musikstücke verkauft. Das sind fünf Millionen Stücke mehr als die von Apple selbst noch vor weniger als vier Wochen genannte Zahl.

Damit hält Apple nach den Angaben der Marktforschungsagentur Nielsen Soundscan trotz des Wettbewerbs von Online-Musikvertrieben wie Napster, Musicmatch oder Rhapsody von Real Networks einen Marktanteil von 70 Prozent. Real Networks hat angesichts der Vorstellung seiner jüngsten Video- und Musik-Abspielsoftware Real Player in Amerika gerade erst den Verkauf von Musik über seine Plattform vereinfacht und kopiert dabei wie andere Anbieter auch das von Apple mit dem Music Store begonnene Modell des Verkaufs einzelner Titel für 99 Cent.

Doch Apple hält seinen Vorsprung, sowohl beim Online-Verkauf als auch bei den Musikspielern. „Und die Lücke zwischen uns und der Konkurrenz wird bei den digitalen Musikspielern immer größer“, sagt Jobs. Doch bemüht sich Jobs auch, seiner Strategie, den Apple-PC zum Zentrum der digitalen Welt eines Haushalts zu machen, mit neuer Software für seine Computer größeres Gewicht zu verleihen. So stellte Jobs auf der Messe eine weiterentwickelte Version seines Programmpaketes „iLife“ vor, in dem Programme gebündelt sind, die dem Computernutzer die Verwaltung und Bearbeitung von Musik-, Bild- und Videodaten erleichtern. Hinzu kommt in der jüngsten Version nun noch ein Programm zum Produzieren eigener Musikstücke. Diese Software heißt „Garage Band“ und verwandelt nach den Worten von Jobs jeden Apple-Rechner in ein virtuelles Musikinstrument.

Zudem hat der Softwarekonzern Microsoft angekündigt, dass im Frühjahr das neue Büroprogrammpaket „Mac Office 2004“ auf den Markt kommen wird. Die Vertreter von Microsoft gelobten auch, das Macintosh-Betriebssystem in Zukunft weiterhin mit eigenen Programmentwicklungen zu unterstützen.

Hier und Jetzt

Was man zu Beginn des Jahres noch nicht wusste: Jobs' Gesundheit hatte sich deutlich verschlechtert. Dieses Thema beschäftigt die treuen Anhänger seines Unternehmens bis heute, denn es sollte nur der Auftakt zu immer neuen Hiobsbotschaften und Genesungsmeldungen über Jobs' Gesundheit werden. Es würden Fragen zum Umgang des Apple-Verwaltungsrats mit diesem Problem aufkommen – und Auftritte von Jobs würden um eine weitere spannende Frage bereichert werden: Wie gesund sieht er heute aus?

XX. San Francisco, 29. Dezember 2004:

Ein halbes Jahr nach der Operation

Es hat 2004 ein paar Tage gegeben, an denen es so aussah, als würde es für Steve Jobs ein schlechtes Jahr. Im Sommer musste sich Jobs einen Tumor entfernen lassen, der, wie sich herausstellen sollte, nicht lebensbedrohlich war. Seine Fan-Gemeinde – und Jobs ist ein Vorstandsvorsitzender, der wie kein anderer eine solche Gemeinde hat – hielt gleichwohl für einen Moment den Atem an. Doch mit der Nachricht kam schon die Beruhigung: „An diesem Wochenende habe ich mich einer erfolgreichen Operation zur Entfernung einer Krebsgeschwulst aus meinem Pankreas unterzogen", teilte Jobs seinen Mitarbeitern in einer E-Mail mit. „Ich hatte eine sehr seltene Form von Pankreaskrebs, die Inselzell-Neuroendokrin-Tumor genannt wird, der in rund einem Prozent aller diagnostizierten Fälle von Pankreaskrebs auftritt und der durch chirurgische Entfernung heilbar ist, wenn er rechtzeitig diagnostiziert wird (meiner war's)."

Es folgte eine einmonatige Erholungspause. Seit September ist Jobs wieder an Bord. Dem Geschäft hat seine kurze Auszeit nicht geschadet, es boomt. 2004 war für Jobs und Apple ein gutes Jahr. Wenn es dafür noch eines letzten Beweises bedurft hätte, hat ihn unmittelbar nach Weihnachten das Internetversandhaus Amazon geliefert. „Der digitale Musikspieler ‚iPod' von Apple war der Renner in unserem Weihnachtsgeschäft", bilanzierte Amazon im amerikanischen Seattle, doch die Aussage trifft auch auf das deutsche Geschäft zu. Besonders gefragt ist derzeit nicht die kleinste Ausgabe „iPod Mini", die sich im Sommer zum Kultgerät entwickelt hatte, sondern die leistungsfähigste Version, die mit einer Festplatte mit einer Kapazität von 20 Gigabyte ausgestattet ist. Sie ist bei Amazon in Amerika zurzeit ausverkauft, eine Nachlieferung wird „in Kürze" erwartet. Im deutschen Apple Store wird die Wartezeit mit sieben bis zehn Tagen angegeben. Wartezeiten für Produkte in der Unterhaltungselektronik – davon hat man schon lange nicht mehr gehört.

Damit herrscht bei Apple nun Goldgräberstimmung, die Rückschläge rund um den gescheiterten Cube sind vergessen. Der Aktienkurs des Unternehmens ist innerhalb von zwölf Monaten um mehr als 200 Prozent gestiegen. Der Visionär Jobs hat es mal wieder allen gezeigt. Einen derartigen Erfolg hatte bei der Vorstellung des iPod im Oktober 2001 niemand erwartet, nur Jobs selbst. Nach der Präsentation im bescheidenen Rahmen in der Unternehmenszentrale in Cupertino hatte er sich bei den Anwesenden umgehört, wollte testen, wie die Reaktion ausfiel. Die Kommentare blieben verhalten, ihr Tenor war: „zu teuer". Jobs antwortete trotzig: „Aber es ist der billigste Mac."

Hier und Jetzt

In jener Zeit bereitet Jobs zudem einen anderen, bedeutenden Schritt vor. Er beendet die Partnerschaft Apples mit seinen bisherigen Prozessorlieferanten und wechselt zu Intel, dem bisherigen Partner des alten Feindes Microsoft.

2005

XXI. San Francisco, 7. Juni 2005:

Der Wechsel zu Intel

Die Gerüchte sind Wahrheit geworden: Apple wird den wichtigsten Chip in seinen Computern künftig von Intel beziehen. Die bisherigen Apple-Lieferanten IBM und das von Motorola abgespaltene Unternehmen Freescale Semiconductor verlieren ihren Vorzeigekunden. IBM habe – anders als zuvor vereinbart – keinen sogenannten „PowerPC"-Chip mit einer Taktfrequenz von 3 Gigahertz und keinen Chip der aktuellen „G5"-Generation für die tragbaren Apple-Powerbooks fertigbekommen, sagt Steve Jobs zur Begründung auf einer Entwicklerkonferenz in San Francisco.

„Es ist Zeit für den Übergang", sagt Jobs. Der Chip-Weltmarktführer Intel biete Apple die bessere Entwicklungsperspektive, denn Jobs will mit seinem Unternehmen endlich aus der Nische heraus, in der das Unternehmen schon so lange steckt. Am ersten Apple-Computer mit Intel-Herz werde bereits gearbeitet. Schon in einem Jahr soll der Computer ausgeliefert werden. Bis Ende 2007 sollen alle neuen Apple-Computer mit Intel-Chips rechnen. Für Intel, den größten Chiphersteller der Welt, ist der Zuschlag durch das in der Branche als innovativ geltende Unternehmen Apple ein riesiger Erfolg.

Intel-Vertriebsvorstand Anand Chandrasekher hatte schon vor der offiziellen Nachricht in einem Gespräch gesagt, dass sein Unternehmen niemals aufgeben werde, Apple als Kunden zu gewinnen. Auch auf der Veranstaltung in San Francisco sparten beide Seiten nicht mit Lob füreinander – und spielen sich gegenseitig die Bälle zu, so wie es Amerikaner auf öffentlichen Bühnen schon in der Schule lernen: Intel sei genau so leidenschaftlich wie Apple, lobt Jobs. Und Apple sei die innovativste Computerfirma der Welt, sagt Intel-Vorstandschef Paul Otellini. Das aktuelle Apple-Betriebssystem OS X laufe fantastisch auf Chips aus seinem Hause. „Besser als Windows", findet Jobs.

Dabei hat Intel eine Periode hinter sich, in der das Haus nicht mehr uneingeschränkt die Technologieführerschaft auf dem Markt der Chips für Personalcomputer für sich beanspruchen konnte – und kann das Lob von Apple nun gut gebrauchen. Vermutet wird, dass Intel Apple auch als Premieren-Vehikel für seine neuesten Produkte nutzen könnte. Inzwischen bietet Intel ebenso wie sein auf dem PC-Chipmarkt wichtigster Wettbewerber Advanced Micro Devices (AMD) Chips mit einem zweiten Prozessorkern und einer Erweiterung an, die es möglich macht, in einem Rechenschritt auf Daten mit einer Breite von 64 Bit (und nicht wie zuvor nur 32 Bit) zuzugreifen.

Für Apple ist die Umstellung durchaus auch mit Schwierigkeiten verbunden – und das nicht nur deshalb, weil eingefleischte Apple-Anhänger grundsätzlich etwas gegen ein Unternehmen einzuwenden hätten, das bisher ausschließlich die Computer bestückt hat, die mit dem Betriebssystem des Erzfeindes Microsoft arbeiten. Nach den Worten von Jobs hat das aktuelle Apple-Betriebssystem aber von der ersten Version an „für den Fall der Fälle" ein Doppelleben geführt, um einen Wechsel des Prozessorlieferanten schnell vollziehen zu können.

Die Umstellung der Apple-Anwendungsprogramme auf die Anforderungen der neuen Chips sei deshalb einfach, was auch Bruce Chizen, der Vorstandsvorsitzende von Adobe, des für die Apple-Kunden wegen seiner Kreativ-Software wie dem Bildbearbeitungsprogramm „Photoshop" besonders wichtigen Softwarehauses, bestätigte. „Warum habt ihr euch so viel Zeit gelassen?", fragt Chizen unter dem Beifall der Zuhörer in San Francisco. Auch Microsoft wird sein Büroprogrammpaket Office für die neuen Apple/Intel-Rechner anbieten. In der Branche wird darüber spekuliert, ob Jobs verärgert war, dass IBM die neue Microsoft-Spielkonsole „Xbox 360" mit einem Prozessor bestückt, der drei Kerne hat und mit einer Taktfrequenz von 3,2 Gigahertz arbeitet, während bei Apple davon aber noch nichts zu sehen ist. Zudem ist es IBM bisher nicht gelungen, eine Lösung für die tragbaren Apple-Computer anzubieten, die dem mobilen „Pentium M" von Intel gewachsen wäre. Dort ist Apple nach wie vor auf die G4-Prozessoren von Freescale angewiesen, die aber nicht ausreichend schnell sind.

Zudem wird Apple immer wieder von Lieferengpässen bei den Chips geplagt und wird für die vergleichsweise geringen Mengen, die das Unternehmen bei IBM abnimmt, auch keine Vorzugspreise bekommen haben. Dies dürfte bei Intel – auch wegen des damit verbunden Imagegewinns – deutlich anders aussehen.

Hier und Jetzt

Der Schritt zu Intel wird in den folgenden Monaten und Jahren für Jobs und Apple sehr viel reibungsloser verlaufen, als ursprünglich angenommen wurde. Die Apple-Computer gleichen damit nicht nur ihre bis dahin notorischen Geschwindigkeitsnachteile gegenüber dem Wettbewerb aus, sondern werden auch im Preis wettbewerbsfähiger. Lieferschwierigkeiten bei den Computern gehören fortan ebenfalls der Vergangenheit an. Das Verhältnis zu Adobe hingegen hat sich inzwischen stark abgekühlt, da Apple eine Erweiterung für Internetbrowser mit dem Namen Flash und aus dem Haus Adobe auf seinen mobilen Geräten nicht mehr unterstützt– verbunden mit dem Vorwurf, das Programm basiere nicht auf sogenannten „offenen“ Standards und sei ein in sich geschlossenes System.

Wer aber ist dieser Paul Otellini, auf dessen Unternehmen und seine Chips Steve Jobs nun die Zukunft seines Unternehmen baut – jedenfalls was die traditionellen Personalcomputer angeht? Über diesen Mann sind noch nicht sehr viele Porträts geschrieben worden. Denn Paul Otellini werkelt weitgehend unbemerkt von einer breiten Öffentlichkeit vor sich hin. Das Rampenlicht mag der Vorstandsvorsitzende von Intel, dem größten Hersteller von Computerprozessoren der Welt, nicht. Das ist für eine Branche, die die Neigung dazu hat, ihren Vorstandsvorsitzenden Starcharakter zubilligen zu lassen, bemerkenswert. Im Licht des Technologie-Messias Jobs fiel es dann noch mehr auf: Otellini ist einfach nur ein normaler Manager, ohne Vorlieben für irgendwelchen Schnickschnack. Flapsiges Gehabe ist dem Amerikaner so fremd wie die in seiner Branche häufigen inhaltsleeren Vermarktungsfloskeln. Otellini beobachtet seine Gesprächspartner genau.

Er verschwendet auf die Antworten keine unnötige Zeit. Er hat auch wenig Lust, Fragen zu beantworten, die nur entfernt etwas mit der aktuellen Unternehmensstrategie zu tun haben. Das alles macht er stets freundlich und diplomatisch, aber eben auch sehr bestimmt. Der Mann wirkt eher still, ist aber mit allen Wassern gewaschen. Und seine Mitarbeiter bemühen sich auffällig, in Gespräche mit ihm nur nach einer bestmöglichen Vorbereitung zu gehen.

Das bisher Erreichte hat der 1950 geborene Otellini im Rahmen einer für Amerikaner gar nicht typischen Kaminkarriere bei Intel geschafft. Auch der Sonne Kaliforniens musste der als Kind einer streng katholischen Einwandererfamilie in San Francisco geborene Otellini nie Lebewohl sagen. In der hügeligen Stadt am Pazifik wuchs Otellini auf, hier hat er auch Betriebswirtschaftslehre studiert. Selbst für den MBA-Abschluss musste Otellini nicht umziehen. Denn die Universität Berkeley, an der er diesen Titel erwarb, liegt nur auf der anderen Seite der San Francisco Bay. Die Abstecher dorthin haben sich für Otellini sehr gelohnt, denn in Berkeley traf er auf Andy Grove, einen der Gründungsväter von Intel, der sein Lehrmeister und Förderer werden sollte. Und so wie Otellini Zeit seines Lebens seiner Heimatstadt treu geblieben ist, hat er nach seinem Dienstantritt bei Intel Mitte der siebziger Jahre auch das Unternehmen nicht mehr verlassen. Er bewährte sich auf den unterschiedlichsten Positionen. Otellini war zunächst hauptsächlich in Marketing- und Vertriebsbereichen tätig und stieg Schritt für Schritt die Karriereleiter hinauf; im Jahr 2005 rückte er an die Spitze.

Otellini versteht keinen Spaß, wenn es darum geht, das Unternehmen mit aller Kraft technologisch an der Spitze des Marktes zu halten: „Schöne Präsentationen allein reichen nicht.“ Otellini erkennt auch, dass er eine Linie von Prozessoren entwickeln muss, die für den Markt mobiler Endgeräte besonders sparsam mit Strom umgehen – aber für die in den kommenden Jahren so wichtigen internetfähigen Smartphones und Tabletcomputer wird er lange nicht das richtige Angebot haben.

Antworten auf Jobs' Siegeszug (der zu dieser Zeit wohl wegen des stürmischen Wachstums manchmal mit Qualitätsschwierigkeiten bei neu eingeführten Apple-Produkten einhergeht) suchen auch andere. Zum Beispiel der Elektronikkonzern Sony in Japan.

XXII. Frankfurt, 25. September 2005:

Lehrmeister Apple, Schüler Sony

Das Gerücht hat bizarren Charme. Rückblickend jedenfalls: Zur Jahrtausendwende wurde kolportiert, Sony habe ein Interesse daran, den Computerhersteller Apple zu übernehmen. Der hatte unter dem zurückgekehrten Steve Jobs in den Jahren nach 1997 den Sprung von der drohenden Pleite zu einem wieder ernst genommenen Unternehmen geschafft, lebte allerdings weiter in einer Nische des Computermarkts. Mit Sony wäre alles anders geworden, glaubte man damals. Und tatsächlich: Keine fünf Jahre später ist die Welt eine andere, allerdings anders als gedacht. Sony, einst eine Ikone der Unterhaltungselektronik, entlässt 10.000 Mitarbeiter. Apple wächst und wächst. Vom Sony Walkman spricht niemand mehr. Der Musikspieler iPod von Apple aber ist ein Kultobjekt, nicht nur unter Jugendlichen, sondern in einer breiten Altersgruppe. Selbst die Queen in London hat einen. Das Design des iPod zieht die Käufer ebenso an wie seine Funktion. Jobs weiß, dass beides zusammengehört, dass er in seinem Konzern niemals die Softwareentwicklung von den Abteilungen abkoppeln darf, die für Design, Produktion und Verkauf zuständig sind.

Seine Manager setzen seine Visionen um, mit Mut und atemberaubender Effizienz. Die jüngste Überraschung aus dem Hause Jobs, der iPod nano, ist dafür das beste Beispiel. „Unser Ziel war klar definiert: Das Gerät sollte eine Farb- und keine Schwarz-Weiß-Anzeige mehr haben, die Akkulaufzeit sollte so gut sein wie beim Vorgängermodell, aber alles sehr, sehr viel kleiner", sagt Jon Rubinstein, der Manager, der bei Apple für das gesamte iPod-Geschäft zuständig ist. Der Vorgänger, von dem Rubinstein spricht, ist kein Geringerer als der iPod Mini, der bisherige Marktführer unter den digitalen Musikspielern. Es ging Rubinstein darum, das Gerät vom Markt zu nehmen, das den wesentlichen Anteil daran hatte, dass Apple allein im vergangenen Quartal 6,2 Millionen iPods verkaufen konnte.

Man wollte den Mut aufbringen, zu dem Sony nicht mehr gefunden hat: „Wir haben schon mehr als ein Jahr vor der Vorstellung des nano entschieden, den Mini vor dem Beginn des Weihnachtsgeschäfts 2005 durch einen viel kleineren Nachfolger zu ersetzen“, sagt Rubinstein. „Wir haben aufgehört, die Teile für den Mini zu produzieren, obwohl er noch gar nicht so lange auf dem Markt war und in den Geschäften stark nachgefragt wurde. Zur selben Zeit haben wir begonnen, für den nano in China eine völlig neue Fabrik zu bauen.“ So klein der 40 Gramm leichte Musikspieler auch sein mag, so groß war der Aufwand, den Apple betreiben musste, um den ehrgeizigen Plan einzuhalten – und das, wie unter Jobs üblich, unter der größtmöglichen Geheimhaltung. Eine jede Neuvorstellung bei Apple soll für die Öffentlichkeit die totale Überraschung sein. Wer plaudert, muss mit hohen Strafen rechnen. Und der Kreis der Mitwisser ist nicht klein: „Bei uns arbeiten Teams aus dem ganzen Unternehmen am Design eines neuen Produkts wie dem nano mit“, sagt Rubinstein. „Das führt zu einer erheblichen Integrationsarbeit. Uns gelingt es, diesen Prozess besser als andere zu absolvieren, denn Apple ist sehr organisch gewachsen.“

Wettbewerber würden das Design oder andere wichtige Elemente, zum Beispiel die Software des entsprechenden Geräts, von Dritten zuliefern lassen. Bei Apple sei das anders: „Zum Design und zum Erfolg des iPod trägt nicht nur die äußere Erscheinung bei, sondern auch die Software. Das Programm, das im Musikspieler selbst steckt, und die iTunes-Software, die auf dem Computer installiert ist, von dem die Titel überspielt werden – wir machen alles selbst.“ Apple scheint dabei einen ganz besonderen Draht zu seinen Kunden zu entwickeln. Denn in der Welt, in der andere Unternehmen leben, scheitern zwei Drittel aller Produktneueinführungen. Nicht so unter Jobs. Seit seiner Rückkehr hat er sich einen einzigen Flop geleistet, den „Cube“-Computer. Alles andere war ein Volltreffer. „Wir haben besonders leidenschaftliche Kunden, und ihre Wünsche und ihre Resonanz sind uns bei der Entwicklung neuer Produkte sehr wichtig“, sagt Philip Schiller, der für das Apple-Marketing auf der ganzen Welt verantwortlich ist. „Die Möglichkeiten, die das Internet den Kunden bietet, um mit uns Kontakt aufzunehmen, sind sehr, sehr wertvoll geworden.“

Auf dem Heimatmarkt von Apple ist der iPod jedenfalls allgegenwärtig. 30 Prozent aller Autos, die im kommenden Jahr in den Vereinigten Staaten verkauft werden, sind mit einer Musikanlage ausgestattet, an die der iPod angeschlossen werden kann. Mehr als fünf Millionen Fahrzeuge insgesamt. Partner sind unter anderem Audi, BMW, VW und Mercedes-Benz. Das Gerät beginnt, einen Standard zu setzen. Für Sony wird die Zeit knapp.

Hier und Jetzt

Jon Rubinstein indes wird wenig später Apple verlassen. Er wechselt 2006 zum Taschencomputerhersteller Palm, der danach in Hewlett-Packard aufgegangen ist und dort für kurze Zeit versuchen durfte, Apple auf dem Gebiet des mobilen Computing wieder etwas ernsthafter Konkurrenz zu machen. Das hat nicht geklappt. Im August 2011 hat Hewlett-Packard vor der Macht von Apple auf diesem Gebiet kapituliert und die entsprechenden Palm-Nachfolgeprodukte eingestellt. Rubinsteins Karriere selbst hat von dem Wechsel ohnehin nicht profitiert. Seine Zeit als Vorstandsvorsitzender von Palm währte nur kurz, bei HP musste er schon früh wieder zurück ins Glied.

Etwas später im Jahr 2005 hat der eigentlich sehr verschlossene und im kleinen Kreis gerne auch schweigsame Steve Jobs noch eine ganz andere Überraschung parat als einen Wechsel des Prozessorlieferanten. Er tritt vor Studenten an der Silicon-Valley-Vorzeigeuniversität Stanford auf und gibt dabei tatsächlich Gedanken zu seinem persönlichen Werdegang preis. So offen hat man Jobs zuvor und auch danach nie wieder erlebt.

XXIII. Stanford, 6. September 2005:

Lebenshilfe von Steve Jobs

Die Redner, die den Abschlussjahrgang der Stanford-Universität in Kalifornien in das Leben entlassen, sind stets prominent. Ihre Namen bleiben den Studenten der Eliteuniversität in Erinnerung. Für den Inhalt lässt sich das gewiss nicht immer behaupten, wohl aber für die Rede, die Steve Jobs in diesem Spätsommer gehalten hat.

Jobs' Worte werden die Studenten in schweren Zeiten daran erinnern, dass das Leben nicht immer gradlinig verläuft, das Rückschläge zu Fortschritten führen können – und das man im Leben sich selbst stets treu bleiben sollte. „Bleibt hungrig. Bleibt tollkühn", gibt Jobs den Studenten zum Abschluss seiner Rede auf den Weg – und die wissen dann auch, was damit gemeint ist. „Ich fühle mich geehrt, gemeinsam mit euch auf eurer Promotionsfeier einer der besten Universitäten der Welt zu sein. Ich habe nie ein Hochschulstudium abgeschlossen. Um ehrlich zu sein, war ich einer Abschlussfeier einer Universität noch nie so nahe wie heute. Und heute möchte ich euch drei Geschichten aus meinem Leben erzählen. Das ist alles. Nur drei Geschichten."

Zunächst beschreibt Jobs, dass schon bei seiner Adoption etwas schiefgegangen ist. Jobs' Mutter, eine junge, nicht verheiratete Universitätsstudentin, hatte ihn vor seiner Geburt zur Adoption freigegeben und darauf geachtet, dass die künftigen Eltern dafür Sorge tragen würden, ihrem Kind eine Universitätsausbildung zu ermöglichen. Es war alles vorbereitet, Steve sollte von einem Anwalt und seiner Frau adoptiert werden. „Allerdings, als ich auf die Welt kam, haben sie sich in der letzten Minute entschieden, dass sie doch lieber ein Mädchen adoptieren würden. Also bekamen meine Stiefeltern, die auf der Warteliste standen, mitten in der Nacht einen Anruf." Als die biologische Mutter aber herausfand, dass die Ersatz-Stiefmutter kein Hochschulstudium hatte und der Stiefvater noch nicht einmal die High School abgeschlossen hatte, weigerte sie sich, die Adoptionspapiere zu unterschreiben. Erst nach einigen Monaten gab sie nach, als Jobs' Stiefeltern versprachen, ihn eines Tages ins College zu schicken.

17 Jahre später ging er ins College. „In meiner Naivität habe ich allerdings ein College ausgesucht, das fast so teuer wie Stanford war, und alle Ersparnisse meiner Eltern, die aus der Arbeiterklasse kamen, wurden dafür ausgegeben. Nach sechs Monaten hatte ich nicht verstanden, welchen Wert das haben sollte. Ich hatte nicht die geringste Ahnung, was ich mit meinem Leben machen wollte und wie mir das College dabei helfen sollte, es herauszufinden. Und ich war dabei, alles Geld auszugeben, das meine Eltern in ihrem ganzen Leben gespart hatten. Also entschied ich mich, das Studium abzubrechen. Das war zu der Zeit sehr beängstigend, allerdings hat es sich als eine der besten Entscheidungen meines Lebens erwiesen. Kaum hatte ich das eigentliche Studium abgebrochen, hörte ich auf, die Seminare zu besuchen, die mich nicht interessierten, und besuchte die, die mir interessant erschienen."

Das ging 18 Monate so. Jobs hatte kein eigenes Bett im Studentenwohnheim, musste also in den Zimmern von Freunden auf dem Boden schlafen. Jobs sammelte Cola-Flaschen, um sich mit dem Erlös aus dem Pfand von 5 Cent sein Essen zu kaufen, und lief jeden Samstag mehr als zehn Kilometer quer durch die Stadt, um ein kostenloses Essen im Hare-Krishna-Tempel zu bekommen. „Ich habe es geliebt. Und vieles, in das ich durch Neugier und Eingabe hineingestolpert bin, hat sich danach als unbezahlbar erwiesen." Jobs berichtet, dass es im Reed College eine hervorragende Kalligrafie-Ausbildung gab, dass er alles über Serifen und serifenlose Schriften lernte, zu was es führt, wenn man den Abstand zwischen einzelnen Buchstaben verändert, und was wirklich gute Typografie ausmacht. „Es war wunderschön, historisch, künstlerisch-subtil in einer Weise, die Wissenschaft nicht einfangen kann. Es hat mich fasziniert. Ich konnte nicht hoffen, dass irgendetwas davon in meinem Leben einmal wichtig werden würde. Aber zehn Jahre später, als wir den ersten Macintosh-Computer entworfen haben, war es soweit. Wir arbeiteten alles in den Mac ein. Es war der erste Computer, der wunderschöne Schriftzeichen setzen konnte." Plötzlich hätten sich Punkte des Lebens miteinander verbunden. Auf solche Entwicklungen müsse man sich verlassen.

In der zweiten Geschichte, die Jobs erzählt, geht es um die Auswirkungen seines Rauswurfs bei Apple, der Entlassung durch das Unternehmen, das er mit zwanzig Jahren in der Garage seiner Eltern mitbegründet hatte – und die Liebe, die berufliche und die private. In zehn Jahren war Apple von einem Zwei-Mann-Betrieb zu einer Firma mit 4.000 Mitarbeitern und einem Umsatz von 2 Milliarden Dollar gewachsen. „Also war ich mit 30 draußen. Und das höchst öffentlich. Das, worauf ich mich mein gesamtes Leben als Erwachsener konzentriert hatte, war weg. Es war verheerend." Jobs wusste nicht, was er tun sollte, fühlte sich als Verräter an einer gesamten Generation von Unternehmensgründern. Aber er liebte noch immer das, was er bei Apple getan hatte. Er begann von vorne. Jobs gründete den Computerhersteller Next und stieg beim Filmstudio Pixar ein. „Und ich verliebte mich in eine unglaubliche Frau, die später meine Ehefrau werden sollte." Pixar ist heute das erfolgreichste Studio für computeranimierte Kinofilme der Welt. Später kaufte Apple Next, Jobs kehrte zu Apple zurück. „Die Technologie, die wir bei Next entwickelt haben, ist das Herz für Apples heutige Renaissance. Und Laurene und ich haben zusammen eine wundervolle Familie. Ich bin mir recht sicher, dass alles das nicht geschehen wäre, wäre ich bei Apple nicht gefeuert worden ... Ihr müsst herausfinden, was ihr liebt. Und das ist für eure Arbeit genauso wahr wie für eure Geliebten. Eure Arbeit macht einen großen Teil eures Lebens aus, und der einzige Weg, wirklich zufrieden zu sein, ist das zu tun, was ihr für großartige Arbeit haltet. Der einzige Weg, großartige Arbeit abzuliefern, ist, das zu lieben, was man tut ... Gebt euch nicht zufrieden. Wie bei allen Herzensangelegenheiten wisst Ihr Bescheid, wenn Ihr das Richtige gefunden habt."

In der dritten Geschichte schließlich geht es um Jobs' Begegnung mit dem Tod, dem er im vergangenen Jahr nach einer Krebsdiagnose sehr nah war. Einen Tag lang lebte Jobs mit der Erwartung, dass sein Leben schon sehr bald zu Ende sein würde. Durch eine glückliche Fügung erwies sich sein Krebs als heilbar. Daraus hat Jobs einmal mehr die Konsequenz gezogen: „Eure Zeit ist begrenzt, lebt nicht das Leben eines anderen ... Habt den Mut, eurem Herzen und eurem Gefühl zu folgen. Denn die wissen schon, was ihr wirklich werden wollt. Alles andere ist nebensächlich ... Bleibt hungrig. Bleibt tollkühn."

Hier und Jetzt

Nur drei Geschichten, die aber hatten es in sich: Wer unmittelbar danach gehofft hatte, Jobs würde in seinen künftigen öffentlichen Auftritten zugänglicher werden, sah sich indes getäuscht. Zur nächsten Begegnung in Paris gab sich Jobs so wie immer. Persönlich verschlossen – und wieder ganz der Mann hinter Apple und seinen Produkten. Zugleich lässt er aber gerade an jenem Tag einen bemerkenswert guten Einblick in sein Verständnis von der Marke Apple und ihrer Beziehung zu den Menschen zu. Es ist schon so etwas wie ein Vermächtnis und gewiss lehrreich für manches andere Unternehmen, das an einer Profilierung seiner Marke interessiert ist.

XXIV. Paris, 20. September 2005:

Ein Amerikaner in Paris

Ein abgedunkelter Raum, vorne vier silberne Barhocker, Lounge-Musik – die Bühne im Pariser Kongresszentrum ist bereitet. Erwartet wird Steve Jobs. Auch drei seiner engsten Mitarbeiter werden neben ihm Platz nehmen. Aber die Blicke werden auf Jobs gerichtet sein. Wenn Jobs über seine Ansichten zur Zukunft der menschlichen Bedürfnisse rund um den Computer redet, hängen die Menschen an seinen Lippen. Das Paradoxe ist, dass der Mann, der immer Jeans und schwarzes Shirt trägt, in der Regel wenig wirklich Handfestes über sich selbst oder zur Zukunft sagt. Jobs redet nicht über geplante Produkte („das machen wir nie"), nicht über die künftige Strategie seines Unternehmens („auf solche Einblicke wartet der Wettbewerb nur"). Immerhin, zur Eröffnung der Messe „Apple Expo" in Paris antwortet er auf die Frage, welches das letzte technische Produkt eines anderen Unternehmens gewesen sei, das ihn begeistert habe: „Ich habe mir gerade ein Fahrrad gekauft. Das ist wirklich toll. Aber mehr möchte ich über mein Privatleben nicht sagen." Solche Fragen führen nicht weiter.

Dem Phänomen Apple und Steve Jobs muss man sich auf andere Weise nähern. Zum Beispiel in dem Apple-Laden an der „Avenue de la Grande Armée" inmitten von Paris, der genau zwischen dem Triumphbogen und dem Kongresszentrum liegt. Dort wird am Tag vor der Messeeröffnung gerade die Einrichtung umgebaut. Stolz poliert der Verkäufer an einem eigens aufgestellten Regal herum, auf dem das jüngste Produkt aus dem Hause Jobs ausgestellt wird: eine besonders schmale und leichte Version des marktführenden digitalen Musikspielers iPod, der „nano". Liebevoll gibt der junge Franzose dem Produktnamen, der in silbernen Lettern auf schwarzem Grund erscheint, mit einem weichen Tuch den letzten Schliff, geht einen Schritt zurück und bewundert sein Werk. Die anderen Verkäufer strahlen ihn an, als wenn ein neues Baby das Licht der Welt erblickt hätte – und erst jetzt fällt dem Besucher auf, dass die Verkäufer alle gleich aussehen: Sie tragen ein schwarzes Shirt und eine Jeans.

Jobs hat damit etwas geschafft, was vor ihm noch keinem anderen Manager auf der Welt gelungen ist: Sein Unternehmen Apple, seine Botschaft und in weiten Teilen auch seine Person verschmelzen zu einer Einheit, überall auf der Welt. Stärker, personalisierter könnte eine Markenbotschaft nicht sein. Aber sie birgt auch eine Gefahr in sich: Was passiert, wenn Apple in der Zukunft einmal wieder ohne Jobs an der Spitze auskommen muss? Wird er es bis dahin geschafft haben, seinen Mitarbeitern Verhaltens- und Denkweisen einzupflanzen, die seine Ansichten, sein Erfolgsrezept auch in die ferne Zukunft tragen?

Die Frage ist berechtigt. Denn Jobs hat erst im vergangenen Jahr mit viel Glück eine Krebserkrankung überstanden. Unsterblich ist er nicht, das hat er jüngst vor Studenten der amerikanischen Stanford-Universität eingeräumt. Jobs ist aber davon überzeugt, dass seine Botschaft, sein unternehmerisches Erbgut schon längst bis in die kleinsten Verästelungen seines Unternehmens vorgedrungen sind. Nämlich: „Wir machen fantastische Produkte für einfache Menschen." So sei es, und so werde es bleiben. „In unserer Branche geht es zu oft darum, dass man ein Problem für irgendeine neue Technologie sucht, die man gerade entwickelt hat." Gute Produkte seien aber einfache Produkte, nicht solche, die neue Schwierigkeiten bereiten: „Wie viele Funktionen eines modernen Mobiltelefons werden denn überhaupt von den Menschen genutzt? 5 Prozent?", fragt Jobs die Anwesenden. „Wenn mir etwas zu kompliziert ist, kaufe ich es gar nicht erst. Unsere Zeit ist begrenzt. Wir haben anspruchsvolle Berufe und noch andere Aufgaben im Leben. Man muss komplizierte Technik so einsetzen, dass man sie leicht benutzen kann. Darum geht es bei Apple", sagt Jobs – und fügt in bescheidenem Tonfall, aber in unbescheidener Formulierung an: „Apple kann das besser als jedes andere Unternehmen auf der Welt."

Zwischendurch nimmt er einen Schluck aus seiner Wasserflasche, zählt weitere Belege für seine Ansichten auf, und Schritt für Schritt setzt sich, jedenfalls für diejenigen, die genau zuhören, doch ein Bild darüber zusammen, wie Jobs die Zukunft der Computerbranche sieht. Sein Geheimnis ist, dass er Technik nicht grundsätzlich toll findet. „Die Verschmelzung von Computer und

Fernsehen wird es nicht geben. Wer will schon einen Personalcomputer im Wohnzimmer stehen haben?" Werden Mobiltelefone, mit denen man sich drahtlos Musik über das Telefonnetz herunterladen kann, ein Erfolg? „Nicht, wenn solche Lieder 3 Euro kosten und die, die man im Internet am Computer zu Hause kauft, 99 Cent." Ist es sinnvoll, den Preis von 99 Cent, den Apple in seinem „iTunes Music Store" für Lieder aus dem Internet verlangt, zu erhöhen, wie es eine Plattenfirma zurzeit fordert? „Nein, die Musikindustrie verdient mit einem iTunes-Lied mehr, als wenn sie es auf einer CD verkaufen würde. Wer noch mehr will, wird gierig. Schließlich geht es immer noch darum, illegale Musikkopien aus dem Internet zu verhindern."

Deutlich wird auch, dass Apple sich trotz des „iPod"-Erfolgs mit seinem Marktanteil von mehr als 75 Prozent nicht zu einem Hersteller von Unterhaltungselektronik wandeln wird und dabei seine Wurzeln als Computerkonzern vergisst. Im Gegenteil: Jobs setzt darauf, dass die iPods immer mehr Menschen zu seinen Macintosh-Computern locken, auch will er die Verbindung von Hardware- und Softwareentwicklung im eigenen Haus nicht missen. „Das unterscheidet uns von den anderen, das muss man können, wenn man erfolgreich Konsumelektronik anbieten will." Andererseits: „Mit Hilfe des iPod ist der Absatz von Mac-Computern im vergangenen Jahr doppelt so schnell gestiegen wie der aller übrigen Personalcomputer." Die Zahlen sprechen für sich, im gesamten Konzern ist der Umsatz im Jahresvergleich zuletzt um mehr als 70 Prozent geklettert, und das in einer hochwettbewerbsintensiven Branche, die ansonsten über eher magere Wachstumsraten klagt.

Jobs hat in Paris wieder an seinem Ruf poliert, so wie die Verkäufer am Regal für den iPod nano. Und niemand weiß, wer danach stärker strahlt: Jobs oder seine Produkte.

Der Rückblick auf solche Gespräche zeigt Jobs wichtigste Charaktereigenschaft, fern von Egomanie oder gar Tyrannei. Er bleibt seinen Prinzipien treu, bis zum heutigen Tag. Er ist aber auch bereit, bestimmte, nicht so grundsätzliche Ansichten zu ändern, wenn der Markt oder die Entwicklung der Technik es erfordern oder ermöglichen. So gibt es im iTunes Music Store längst auch viele Lieder, die mehr als einen Euro kosten. Und auch an der Verbindung von Fernseher und Computer hat sich Apple versucht, das allerdings – als wenn Jobs es nicht zuvor schon geahnt hätte – mit bescheidenem Erfolg, jedenfalls bisher.

Unterdessen wird ein Unternehmen immer erfolgreicher, das einige Jahre später zum vielleicht wichtigsten Wettbewerber von Apple werden würde: Der Internetkonzern Google, der beginnt, eigene Betriebssysteme für Telefone und Tabletcomputer zu entwickeln und damit die einzigen mobilen Produkte, die Apple in der heutigen Zeit überhaupt ernsthaft Paroli bieten. Gleichgültig, woher die Inspiration dazu wirklich gekommen ist, die Tatsache, dass der damalige Google-Vorstandsvorsitzende Eric Schmidt lange auch im Verwaltungsrat von Apple saß, dürfte der Kreativität seines Unternehmens jedenfalls keinen Abbruch getan haben. Es ist Zeit für eine Begegnung mit Eric Schmidt.

2006

XXV. Frankfurt, 2. Februar 2006:

Vom Verlierer zum Gewinner – Eric Schmidt

Es gab eine Zeit, da sah Eric Schmidt wie ein Verlierer aus. Zum Beispiel vor knapp neun Jahren, als auf der Welt niemand wissen konnte, dass es einmal eine Internetsuchmaschine mit dem Namen Google geben würde. Damals war Schmidt Vorstandschef des Softwarekonzerns Novell – und musste bei einem Besuch in dessen Deutschland-Zentrale in Düsseldorf bei einer Tasse Kaffee etwas bemüht versichern, sein Unternehmen habe im Wettbewerb mit Microsoft durchaus Zukunftschancen. Schmidt machte zwar schon damals einen hochintelligenten Eindruck, aber eine überzeugende Vorstellung sollte dem Amerikaner im Rheinland nicht gelingen. Typisch amerikanisch wollte er lieber über Produkte als über Zahlen reden. Auf die Produkte würden die Kunden nur warten, versicherte er. Nun, das war ein Irrtum. Novell gehört nicht zu den Unternehmen, die vom Technologieboom der folgenden Jahre profitieren konnten.

Aber Schmidt muss sich mit diesem Unbill auch schon seit 2001 nicht mehr auseinandersetzen. Seither ist er ein Gewinner. Und was für einer. Damals hat Schmidt das Angebot akzeptiert, Vorstandsvorsitzender von Google zu werden, der Silicon-Valley-Vorzeigegeschichte, der die Krise Internetbranche zum Jahrtausendwechsel nichts Ernsthaftes anhaben konnte. Zuvor hatte der Google-Verwaltungsrat ein Jahr lang Druck auf die beiden jungen Unternehmensgründer Sergey Brin und Larry Page ausgeübt, sich endlich einen erfahrenen Manager an die Spitze des Unternehmens zu holen. Nicht zuletzt sollte der Börsengang vorbereitet werden, der im August 2004 schließlich Wirklichkeit wurde.

Schmidt schien alle Kriterien gut zu erfüllen. Er konnte einerseits mit der manchmal etwas abgehobenen Google-Mannschaft als promovierter Informatiker blendend mithalten, andererseits passt seine äußere Erscheinung gut zum Klischee eines typischen Computerfreaks: Das Gesicht ist von einer vermutlich falsch behandelten Akne vernarbt, der Körper untersetzt, Sport wird Schmidts Hobby nicht sein.

Bekannt war auch, dass er sich bei seinem anderen vorherigen Arbeitgeber Sun Microsystems den Ruf eines Pioniers des Internets erarbeitet hatte. Dennoch herrschten bis zum Gang an die Börse in der Fachwelt erhebliche Zweifel, ob Schmidt als „Erwachsener vom Dienst“ das Chaos bei Google in den Griff bekommen würde. Nicht zuletzt tauchten unmittelbar vor Beginn der Aktienauktion noch unerwartet Papiere auf, die zuvor an Mitarbeiter ausgegeben, im Prospekt zum Börsengang aber nicht erwähnt worden waren. Mancher nahm angesichts solcher Meldung vom Kauf von Google-Papieren Abstand – und wird sich heute über die Fehlentscheidung kräftig ärgern, schließlich hat sich das Google-Papier seit seiner Erstnotierung im Wert mehr als vervierfacht. Für alle Aktionäre, die schon eine Weile mit dabei sind, lässt sich der Rückschlag, der soeben auf die Vorlage des jüngsten Quartalsergebnisses folgte, deshalb auch leicht verschmerzen.

Und der 1955 geborene Schmidt ist sowieso ein gemachter Mann, der sich längst über ein Haus in der Silicon-Valley-Ortschaft Atherton freuen kann, der amerikanischen Gemeinde mit den höchsten Immobilienpreisen. Sein Vermögen ist so hoch, dass es ihn nicht schmerzt, wenn sein Grundgehalt auch in diesem Jahr nur bei einem Dollar liegen wird. Denn gemessen am Wert ihrer Aktienoptionen und Unternehmensanteile, sind die drei Google-Manager Brin, Page und Schmidt ohnehin Multimilliardäre. In der Liste der reichsten Menschen der Welt, die vom amerikanischen Wirtschaftsmagazin Forbes herausgegeben wird, rangieren Brin und Page mit einem geschätzten Vermögen von je 11 Milliarden Dollar auf Platz 16 der 400 reichsten Amerikaner. Der auf 4 Milliarden Dollar geschätzte Schmidt wird auf Rang 52 geführt.

Nicht schlecht für den Mann, der einst bei einer Tasse Kaffee in Düsseldorf mühsam versichert hatte, dass „der Einfluss von Microsoft in zehn Jahren wesentlich geringer sein wird“. Dafür, dass diese These inzwischen tatsächlich einen gewissen Wahrheitsgehalt bekommt, sorgt er mit Google nun selbst.

Hier und Jetzt

An der stetigen Rekordjagd, auf die sich Apple inzwischen begeben hat, ändert die zunehmende Bedeutung von Google allerdings noch für viele Jahre nichts. Die beiden Unternehmen sind bis heute ohnehin auf vielen Gebieten auch Partner, bis hin zur voreingestellten Suchmaschine auf den Handys und Tabletcomputern von Apple. Schmidt hingegen ist inzwischen nicht mehr Vorstandsvorsitzender von Google. Page und Brin bräuchten keine Aufsicht durch einen Erwachsenen mehr, twitterte er zur Begründung.

XXVI. New York, 12. Januar 2006:

Aktie auf Allzeithoch

Die beiden ersten Apple-Computer auf der Basis von Prozessoren des Chipherstellers Intel und ein Rekordergebnis im Weihnachtsgeschäft haben die Aktie des Computerkonzerns aus Kalifornien an der New Yorker Börse auf ein neues Allzeithoch getrieben. Das Papier überwand schon während der jüngsten Präsentation von Apple-Vorstandschef Steve Jobs in San Francisco am Dienstagabend deutscher Zeit mit einem Kursplus von rund 6 Prozent zum ersten Mal in der Geschichte des Unternehmens die Schwelle von 80 Dollar. Am Mittwoch nahm der Aktienkurs nochmals deutlich zu; vorübergehend erreichte er sogar 84,80 Dollar.

Hier und Jetzt

Steve Jobs nutzt die Gelegenheit und trennt sich im März darauf von einem großen Teil seiner Aktien, genauer von der Hälfte seiner Papiere, um Steuern zahlen zu können. Offenbar ist also auch ein Mann mit einem zu jenem Zeitpunkt geschätzten Vermögen von 4,4 Milliarden Dollar nicht immer flüssig. Wie es in einer Mitteilung von Apple an die amerikanische Wertpapieraufsichtsbehörde SEC heißt, hat das Unternehmen 4,5 Millionen Anteilscheine im Wert von 296 Millionen Dollar von Jobs zurückerhalten. Damit hält Job nun noch 5,4 Millionen Anteilscheine, die etwa einen Wert von 323 Millionen Dollar ausmachen. Die Option auf insgesamt zehn Millionen Aktien war Jobs im März 2003 eingeräumt worden. Die Steuer wurde nun fällig, nachdem Jobs drei Jahre später vollen Zugriff auf diese Papiere erhalten hatte.

Dass sich mit der Rückgabe an Apple zugleich der gesamte Apple-Aktienbesitz von Jobs um die Hälfte reduziert hat, hängt damit zusammen, dass sich Jobs vor seiner Rückkehr zum Unternehmen auch schon einmal in Frustration von allen seinen Apple-Papieren getrennt hatte und nur eine symbolische Aktie im Depot beließ.

Das eigentliche Jahresgehalt von Jobs beträgt seit seiner Rückkehr im Jahr 1997 einen Dollar. Als Vorstandschef des Trickfilmstudios Pixar verdiente Jobs, der das Unternehmen gegründet hatte, einen Dollar in der Woche. Entscheidend zur Beurteilung der Vermögenssituation von Jobs ist aber, dass der Computer-Guru durch die Übernahme von Pixar durch Walt Disney mit 6 Prozent der Disney-Anteile zum größten Einzelaktionär des Medienkonzerns geworden ist. Viele Jahre später hat dann einmal jemand ausgerechnet, dass Jobs durch einen Tausch von Aktienoptionen im Jahr 2003 auf einen Vermögenszuwachs von heute 10,3 Milliarden Dollar verzichtet hat. Wohlgemerkt: Milliarden, nicht Millionen.

Ein anderer hat in jenem Jahr genug verdient, oder genug vom operativen Geschäft, oder beides. Steve Jobs' langjähriger Gegenspieler Bill Gates kündigt an, sich bei Microsoft endgültig aus dem Alltagsgeschehen zurückzuziehen. Für die Branche ist das ein historischer Einschnitt. Gates widmet sich fortan ausschließlich seiner Rolle als Philanthrop, und damit einer Berufung, die Jobs gewiss niemals verspüren wird.

XXVII. Seattle, 17. Juni 2006:

Bill Gates kündigt Abschied von Microsoft an

Bill Gates, der Mitbegründer von Microsoft und reichste Mann der Welt, will sich allmählich aus dem Tagesgeschäft des größten Softwarekonzerns der Welt zurückziehen. Ab Juli 2008 werde er sich ganz auf die gemeinsam mit seiner Frau Melinda gegründete Stiftung zur Förderung von Gesundheits- und Bildungsprojekten konzentrieren. „Diese Entscheidung ist mir sehr schwergefallen", sagte der 50 Jahre alte Gates auf einer Pressekonferenz am Sitz des Unternehmens in Redmond in der Nähe von Seattle.

„Der Wandel, den wir heute erleben, ist keine Pensionierung, er ist eine Neuordnung meiner Prioritäten", sagte Gates. Die „Bill & Melinda Gates Foundation" gilt mit einem Vermögen von knapp 30 Milliarden Dollar als größte wohltätige Organisation der Welt. Sie fördert vor allem Projekte in Entwicklungsländern. In der Rolle des Software-Megastars hat sich Gates nie wohlgefühlt: „Die Welt hat eine Tendenz, meiner Person ein unangemessenes Maß an Aufmerksamkeit zu schenken." Schon in den kommenden beiden Jahren werde er seine Arbeit für Microsoft schrittweise zurückfahren, sagte Gates. Er werde aber auch nach seinem Rückzug aus dem Tagesgeschäft Microsoft als Vorsitzender des Verwaltungsrates (Chairman) und Berater zur Seite stehen. Den Posten des Vorstandsvorsitzenden (Chief Executive Officer) hatte Gates, dessen Vermögen auf rund 50 Milliarden Dollar geschätzt wird, schon im Januar 2000 an seinen Studienfreund und langjährigen Weggefährten Steve Ballmer abgegeben und für sich den Posten des Chef-Software-Architekten geschaffen. Bis zu seinem Abschied aus dem operativen Geschäft wird Gates seine bisherigen Aufgabenbereiche schrittweise an Ray Ozzie und Craig Mundie übergeben, die die Positionen des „Chief Software Architect" beziehungsweise des „Chief Research and Strategy Officer" übernehmen.

Ballmer kündigte nach der Erklärung von Gates im Sinne seines Vorgängers ein kräftiges Wachstum in den kommenden Jahren an: „Wir werden seine Vision, im Großen zu denken und noch größer zu handeln, fortsetzen." Das dürfte für Ballmer und seine Mannschaft aber gar nicht so einfach werden, denn Gates' Rückzug fällt in eine Zeit, in der Microsoft versucht, mit einem Strategiewechsel seine dominierende Marktposition zu verteidigen. Das Unternehmen will künftig verstärkt darauf setzen, seine Produkte mit weiteren Internet-Serviceleistungen für Abonnenten anzubieten. Damit will Microsoft seine Einnahmen verstetigen und von einmaligen Softwareverkäufen unabhängiger werden. Microsoft muss sich zudem wachsender Konkurrenz erwehren, zum Beispiel durch das Internetunternehmen Google und den Computerhersteller Apple mit seinem erfolgreichen digitalen Musikspieler iPod. Sogenannte Open-Source-Software wie das lizenzgebührenfreie Betriebssystem Linux bereitet Microsoft im Marktsegment der Netzwerkrechner (Server) Schwierigkeiten. Mietsoftware-Unternehmen wie Salesforce.com, die Programme über das Internet bereitstellen, unterlaufen das traditionelle Vertriebssystem. Die Gewinne aus seiner – rechtlich immer wieder umstrittenen – monopolartigen Stellung bei Betriebssystemen für Personalcomputer (Windows) und Programmen für Alltagsarbeiten im Büro (Office) nutzt das Unternehmen deshalb schon seit geraumer Zeit, um sich neue Geschäftsfelder aufzubauen, zum Beispiel mit der X-Box und der X-Box 360 beim Verkauf von Videospielen oder auf dem Markt betriebswirtschaftlicher Standardsoftware für Unternehmen. Nach allgemeiner Erwartung wird der Rückzug von Gates nur geringe Auswirkungen auf das operative Geschäft haben. „Bill Gates mag die Verantwortung für das Tagesgeschäft abgeben, er wird sich aber niemals ganz von Microsoft zurückziehen", sagte Anthony Sabino, Wirtschaftswissenschaftler an der St.-Johns-Universität, der Nachrichtenagentur Reuters. Der Kurs der Microsoft-Aktie reagierte auf die Nachricht jedenfalls kaum.

Gates hatte Microsoft im Jahr 1975 im Alter von 19 Jahren gemeinsam mit seinem längst aus dem Unternehmen ausgeschiedenen Freund Paul Allen in Albuquerque (New Mexico) gegründet und im März 1986 an die Börse geführt. 1980 hatten Gates und Allen von IBM den Zuschlag erhalten, den ersten PC des Unternehmens mit einem Betriebssystem auszustatten. Seither hat sich das Unternehmen stürmisch entwickelt. Im laufenden Geschäftsjahr wird ein Umsatz von bis zu 44,5 Milliarden Dollar bei einem Gewinn von bis zu 18,8 Milliarden Dollar angestrebt. Beschäftigt werden mehr als 55.000 Mitarbeiter. Gates' Vision war, dass auf jedem Schreibtisch, in jedem Wohnhaus ein Personalcomputer stehen würde. Die Vision, die damals eher nach einer wilden Fantasie klang, ist längst Wirklichkeit. Als erstes Softwareunternehmen setzte Microsoft auf ein Geschäftsmodell, das niedrige Preise mit hohen Stückzahlen kombiniert. 95 Prozent aller PC arbeiten heute mit einem Microsoft-Betriebssystem.

Hier und Jetzt

Und im Jahr 2006 passiert noch etwas Ungewöhnliches, dieses Mal wieder bei Apple – und abermals geht es um das Thema Aktien und Optionen: Jobs muss sich entschuldigen, und zwar nicht nur für eine triviale Produktverzögerung oder Lieferschwierigkeiten, sondern für handfeste finanzielle Unregelmäßigkeiten in seinem Unternehmen.

XXVIII. San Francisco, 6. Oktober 2006:

Steve Jobs entschuldigt sich

Steve Jobs hat sich bei seinen Aktionären und Mitarbeitern für die Unregelmäßigkeiten im Zusammenhang mit der Vergabe von Aktienoptionen in den Jahren zwischen 1997 und 2002 entschuldigt. Sie passten „ganz und gar nicht zum Charakter" des Unternehmens, erklärte er. Es solle so rasch wie möglich Vorsorge getroffen werden, dass sich solche Vorfälle nicht wiederholten. Apple hat am Ende einer dreimonatigen internen Untersuchung der Vergabepraxis von Aktienoptionen zwar kein Fehlverhalten von Mitgliedern der gegenwärtigen Führungsmannschaft festgestellt. Doch gebe es Grund zu „ernsthafter Besorgnis" im Hinblick auf das Vorgehen von zwei namentlich nicht genannten ehemaligen Managern bei der Bilanzierung, Feststellung und Offenlegung der Vergabe von Aktienoptionen, hieß es.

Der ehemalige Apple-Finanzvorstand Fred Anderson, der diesen Posten von 1996 bis 2004 innehatte, ist offenbar vor diesem Hintergrund aus dem Apple-Verwaltungsrat ausgeschieden. Es sei im besten Interesse des Unternehmens, wenn er zum jetzigen Zeitpunkt den Verwaltungsrat verlasse, heißt es in einer Erklärung von Anderson, der im Hauptberuf inzwischen Managing Partner der Beteiligungsgesellschaft Elevation Partners im kalifornischen Menlo Park ist. An Elevation Partners ist auch Bono, der Kopf der irischen Rockband U2, beteiligt. Bei Elevation Partners hieß es, Anderson werde im Unternehmen bleiben. Anderson sitzt zudem im Verwaltungsrat des Online-Auktionshauses Ebay. In der Untersuchung hat sich gezeigt, dass Aktienoptionen, die in den betroffenen Jahren zu 15 verschiedenen Zeitpunkten gewährt wurden, auf frühere Termine rückdatiert worden sind. Eine Option gibt dem Inhaber das Recht, eine Aktie in der Zukunft zu einem vorher vereinbarten Preis zu kaufen oder zu verkaufen. Durch die Wahl eines günstigen Gewährungsdatums mit einem niedrigen Aktienkurs wird der Wert der Optionen schon bei ihrer Ausgabe erhöht.

Apple wird deshalb rückwirkend seine Bilanzen ändern müssen, machte aber keine Angaben über die Höhe der Sonderbelastungen sowie die daraus resultierenden Steuer- und Bilanzauswirkungen. Mit der amerikanischen Wertpapieraufsichtsbehörde SEC werde man auch weiterhin zusammenarbeiten. Auch Jobs wusste, dass vorteilhafte Gewährungstermine gewählt worden waren. Er habe davon selbst aber nicht profitiert, wird versichert. Die Auswirkungen auf die Bilanz seien Jobs, der sich im Geschäft eher um das Marketing und die Produktentwicklung kümmert, nicht bewusst gewesen.

Analysten zeigten sich von dieser Feststellung erleichtert, da vor allem befürchtet worden war, dass Jobs' wichtige Rolle bei Apple über die Schwierigkeiten mit den Optionen beschädigt werden könnte. Die Apple-Aktie reagierte auf die Entschuldigung von Jobs und die vorgelegten Untersuchungsergebnisse auch nur mit einem geringfügigen Kursrückgang. Die Auswirkungen auf frühere Gewinne werden nach der Meinung von Analysten in einem sehr überschaubaren Rahmen bleiben. Allerdings gab es auch einige kritische Stimmen. So seien Optionen, die Jobs in der fraglichen Zeitspanne gewährt worden seien, wegen eines folgenden Kurseinbruchs der Apple-Aktie zwar wertlos geworden. Doch sei dieser Verlust später durch Aktien ausgeglichen worden, die Jobs angedient worden seien. Die Zahl dieser Aktien wiederum habe sich aus dem ursprünglichen Wert der damaligen Optionen abgeleitet. Zudem wird kritisiert, dass Apple die Namen der beiden Manager, zu deren Verhalten es ernsthafte Bedenken gibt, nicht veröffentlicht. Auch die Mitglieder der dreiköpfigen Untersuchungskommission werden von Apple nicht genannt. In diesem Zusammenhang sei es aber wichtig zu wissen, ob Jobs selbst zu den Mitgliedern gehört habe, hieß es.

Die Rückdatierung von Aktienoptionen ist in den Vereinigten Staaten weitverbreitete Praxis gewesen. Bei mehr als 100 Unternehmen laufen hierzu inzwischen entsprechende Untersuchungen; Apple ist einer der prominentesten Fälle.

Hier und Jetzt

Die Reaktion auf die Entschuldigung ist in einer Beziehung beeindruckend: Stets geht es weniger um das Fehlverhalten als solches als um die Frage, ob die Vorgänge Jobs und seine Stellung im Unternehmen beschädigen können. Bemerkenswert ist auch, dass Jobs selbst einmal mehr die Gelegenheit nutzt, auch in einer solchen Krise auf den Markenkern von Klarheit und Wahrheit bei Apple hinzuweisen. Die Begeisterung für Apple wird der Vorgang denn auch tatsächlich nicht trüben.

In dieser Euphorie könnte man schnell vergessen, dass es nicht Jobs allein war, der Apple einst gegründet hat. Sein ursprünglicher Partner Steve Wozniak meldet sich am Ende 2006 zurück, nicht mit einem Computer, wohl aber mit einem bemerkenswerten Buch: iWoz.

XXIX. Frankfurt, 27. Dezember 2006:

Da war doch noch wer – Steve Wozniak

Die Welt braucht Erfinder – ausgezeichnete Erfinder. „Sie können einer von ihnen sein“, schreibt Steve Wozniak, der zweite Gründer des kalifornischen Computerherstellers Apple neben dem heutigen Vorstandsvorsitzenden Steve Jobs. „Woz“, wie er liebevoll in der Gemeinde der Apple-Anhänger genannt wird, hat dem Unternehmen, das ohne die von ihm geschaffenen ersten Personalcomputer „Apple I“ und „Apple II“ nie entstanden wäre, längst den Rücken gekehrt. Mitarbeiter ist er nur noch auf dem Papier. Anders als bei seinem einstigen Kumpel Jobs, der längst ein Star der Computerszene ist, war das Rampenlicht die Sache des Tüftlers nie. Deshalb sind um Woz und sein Leben manche Lügen und Legenden entstanden.

Jetzt hat er eine Autobiografie geschrieben. Wozniak glaubt, es sei an der Zeit, „einiges klarzustellen“. Schnell erfährt der Leser, dass es allein Wozniak war, der die ersten Apple-Computer in einer der berühmten Garagen des kalifornischen Silicon Valley konstruiert hat. Wie aber kommt man zu einer solchen genialen Idee, zur richtigen Zeit, am richtigen Ort? Tatsächlich glaubt der inzwischen 54 Jahre alte Wozniak, nach einem Leben, das sich in weiten Teilen als verrückt bezeichnen lässt, einige Regeln parat zu haben, die er jungen Menschen, die sich für Technik interessieren, gar Ingenieur werden wollen, auf den Weg geben möchte – jedenfalls denjenigen, die hochintelligent sind und die Ingenieurwissenschaften als Form der Kunst empfinden, so wie Wozniak selbst eben.

Die Regeln sind für jeden eine Enttäuschung, der an die segensreiche Wirkung von Teamarbeit glaubt. Denn Woz war stets Einzelkämpfer – und in dieser Rolle liegt für ihn das Geheimnis des Erfolgs. „Wenn du ein solch seltener Ingenieur sein solltest, der Erfinder und Künstler zugleich ist, dann gebe ich dir einen Rat, der schwer zu befolgen ist. Dieser Ratschlag lautet: Arbeite allein.“ Alle jene Leser aber, die nicht genial genug sind, aus diesem Ratschlag Nutzen für ihr Leben zu ziehen, erfahren noch immer viel mehr als nur die Geschichte des Apple II. Wozniak gewährt zum Beispiel einen Blick in das Leben in der Gegend um die kalifornische Gemeinde Santa Clara, lange bevor das Tal in der Welt unter dem Namen „Silicon Valley“ bekannt wurde. Boden und Klima waren schon damals fruchtbar, allerdings wurde dies vor allem von Obstbauern genutzt. Unternehmen wie Hewlett-Packard (HP) und Lockheed, wo Wozniaks Vater arbeitete, waren aber schon da – und HP sollte auch der erste Arbeitgeber für Wozniak werden.

Dort hätte Wozniak wohl noch sehr viel länger Taschenrechner konstruiert, hätte er nicht Steve Jobs kennengelernt und mit ihm im „Homebrew Computerclub“ gleiche Interessen verfolgt. Aber das ist schon wieder die Apple-Geschichte. Nach Apple hat der dreimal geschiedene Wozniak im Wortsinne auf vielen Hochzeiten getanzt und auch beruflich manchen Misserfolg verbucht. Er hat bewiesen, dass Genialität allein nicht reicht, wenn das Vermarktungsgenie (eben das von Jobs) nicht dazukommt. Und nun hat er ein Buch geschrieben, das höchst unterhaltsam ist, obwohl es aus der Feder eines so technikverliebten Menschen wie Wozniak stammt und nebenher so manchen technischen Fachbegriff erläutert.

Hier und Jetzt

Das Buch indes sollte nicht lange im Rampenlicht stehen, denn Woz’ alter Partner Steve zog zu Beginn des folgenden Jahres das Produkt aus der Tasche, das iPod, Telefon und mobilen Internetzugang in einer für den Rest der Branche wegweisenden Verbindung zusammenführen sollte: das iPhone. Das Gerät hat das Marktgefüge unter den Mobiltelefonherstellern völlig durcheinandergewirbelt – und gewiss auch Google zum Kauf des Unternehmens bewogen, das begonnen hatte, das Android-Betriebssystem zu entwickeln, das heute zum wichtigsten Wettbewerber von Apple auf diesem Markt geworden ist.

Über das iPhone ist schon so viel geschrieben worden, dass es gerade in diesem Fall reizvoll ist, auf die ganz nüchterne Bestandsaufnahme zu seiner Vorstellung zurückzukommen. Wer inzwischen stolzer Besitzer eines iPhone oder eines der darauf aufbauenden Konkurrenzprodukte ist, bekommt ein Gespür dafür, was Jobs damals angestoßen hat. Jede weitere Überhöhung ist unnötig. Die reine Nachricht wirkt mit diesem Wissen spannend genug.

2007

XXX. San Francisco, 10. Januar 2007:

Das iPhone ist da

Getragen vom Erfolg seines Musikplayers iPod steigt Apple mit einem kompakten Alleskönner ins Handygeschäft ein. Steve Jobs stellte auf der Messe Macworld 2007 in San Francisco am Dienstag ein „revolutionäres“ Mobiltelefon vor. Das Gerät mit dem Namen iPhone hat unter anderem einen berührungsempfindlichen Bildschirm statt einer Tastatur. Es dient auch als iPod und wird mit Musik und Videos aus iTunes befüllt. Man kann es mit dem Computer synchronisieren und für E-Mails nutzen.

Die berührungsempfindlichen Bildschirme der Apple-Geräte sollen ganz einfach mit dem Finger gesteuert werden können, betont Jobs. Mit der „Multitouch“ genannten Technologie wolle Apple weitgehend auf Tasten verzichten. „Wir werden das Telefon neu erfinden“, verspricht er. „Wir werden heute Geschichte schreiben“, hatte Jobs schon zum Auftakt seiner Rede angekündigt. In den Vereinigten Staaten soll das iPhone im Juni in den Handel kommen, in Europa im vierten Quartal und in Asien im kommenden Jahr. Den amerikanischen Preis für die Version mit 4 Gigabyte Speicherkapazität gab Jobs mit 499 Dollar an, bei 8 Gigabyte sollen es 599 Dollar sein. Das Absatzziel sind zehn Millionen iPhones im Jahr 2008 – also rund 1 Prozent des weltweiten Handymarktes. Marktführer ist Nokia mit mehr als 30 Prozent. Das iPhone hat ein schlichtes Design. Die Frontseite nimmt hauptsächlich ein großer Bildschirm mit einer glänzenden Umrandung ein. Nur ein Knopf ist zu sehen, die „Home“-Taste. Das Telefon arbeitet im Mobilfunkstandard GSM mit der Erweiterung EDGE zum schnelleren Datentransfer. Es unterstützt drahtlose Netzwerkverbindungen über W-LAN und Bluetooth und kann zwei Anrufer zu einer Telefonkonferenz zusammenschalten. Der Bildschirm hat eine Diagonale von 3,5 Zoll (knapp neun Zentimeter). Das 11,6 Millimeter dicke Mobiltelefon verfügt auch über eine Kamera.

Das iPhone funktioniert – wie schon vor vielen Jahren von Jobs angekündigt – mit dem Betriebssystem OS X, kann aber sowohl mit Mac-Computern als auch mit Windows-PCs synchronisiert werden. Zum Internetsurfen nutzt es Apples Browser Safari, als Kartendienst kommt Google Maps zum Einsatz. Zum Datentransfer schaltet das Telefon automatisch von GPRS auf W-LAN um, sobald ein Netz verfügbar ist. Google-Chef Eric Schmidt lobte das iPhone-Konzept als Erstling in einer „brandneuen Generation von Datendiensten".

Hier und Jetzt

Längst ist natürlich auch die Technik der ersten Generation des iPhone veraltet. Es hat inzwischen mehrere neue Versionen gegeben. Aber am kinderleichten Bedienkonzept des leistungsfähigen Smartphones hat sich nichts mehr geändert. Insofern hat Jobs tatsächlich Geschichte geschrieben. Die aber musste nach der Ankündigung im Januar 2007 erst noch richtig beginnen, nämlich mit dem Verkaufsstart, zum Beispiel in New York.

Kurz zuvor wird allerdings auch deutlich, dass Apple zu diesem Zeitpunkt an den Rand seiner Entwicklungskapazitäten kommt. So muss das Unternehmen im April ankündigen, dass die neueste Version seines Betriebssystems Mac OS X mit dem Beinamen „Leopard" nicht wie geplant im Juni, sondern erst im Oktober auf den Markt kommen wird. Die Begründung: Die Markteinführung des iPhone soll nicht gefährdet werden. Man habe für die Entwicklung des iPhone wichtige Ressourcen aus dem Softwareentwicklungsteam und der Abteilung für Qualitätssicherung ausleihen müssen, heißt es in einer Mitteilung von Apple. Das iPhone soll nichts mehr aufhalten, also auf nach New York.

XXXI. New York, 30. Juni 2007:

Vor dem Apple Store in New York

Die Szene, die Roland Lindner, der New Yorker Wirtschaftskorrespondent der Frankfurter Allgemeinen Zeitung, an jenem Tag beobachtet, wirkt fast zwielichtig: Greg Toft drückt einem jungen Mann ein kleines Bündel Geldscheine in die Hand, es werden keine großen Worte gewechselt, die beiden Männer blicken sich nur kurz an und verstehen sich. Greg Toft hat keine Drogen gekauft und auch sonst nichts Illegales getan. Der 35 Jahre alte Lehrer hat lediglich einen Platz weit vorne in der Schlange vor dem Apple-Laden im New Yorker Stadtteil Soho erstanden. Es ist Freitag um 15 Uhr, drei Stunden vor dem Verkaufsbeginn des iPhone. Toft ist vor zehn Minuten angekommen und hat sich erst hinten angestellt – die Schlange ging zu diesem Zeitpunkt schon um zwei Häuserblocks herum, mit Hunderten von Menschen. Der junge Mann habe ihn angesprochen und Platz Nummer sechs in der Schlange angeboten. Toft griff für 100 Dollar zu.

Hier und Jetzt

Episoden wie diese sind es, die immer mehr Unternehmen auf die Idee bringen, es mit einem „Steve-Jobs-Effekt" zu versuchen. Der Begriff steht für die Idee, Gründer eines ehemals erfolgreichen Unternehmens, das so wie einst Apple vom rechten Weg abgekommen ist, in die jeweiligen Firmen zurückzuholen. Dafür ist die amerikanische Kaffeehauskette Starbucks ein Beispiel, zu dieser Zeit aber auch das Internetunternehmen Yahoo oder der Computerhersteller und Apple-Konkurrent Dell. Nicht überall werden die damit verbundenen Hoffnungen aufgehen.

Für Steve Jobs hingegen dürfte das Beispiel Starbucks eine Lehre gewesen sein: Unter der Marke waren zu schnell zu viele Kaffeebars eröffnet wurden, die das Versprechen, dass der Name „Starbucks" eigentlich abgegeben hatte (guter Kaffee in leidlich gemütlicher Einrichtung in einer Gemeinschaft Gleichgesinnter zu trinken) nicht mehr einlösen konnte. Ein vergleichbarer Fehler ist Apple in seinen Einzelhandelsbemühungen bisher denn auch nicht unterlaufen.

2008

XXXII. Frankfurt, 9. Januar 2008:

Der Steve-Jobs-Effekt

Der Mann, der die amerikanische Kaffeehauskette Starbucks zur Weltmarke gemacht hat, kehrt an die Spitze des Unternehmens zurück. Damit folgt Howard Schultz anderen prominenten Beispielen in amerikanischen Unternehmen. So übernahm der Gründer des Computerherstellers Dell, Michael Dell, vor fast genau einem Jahr wieder die Führung seines Konzerns. Im Juni entschied sich Yahoo-Mitgründer Jerry Yang, abermals operative Verantwortung in seinem Internetkonzern zu tragen. Sie alle hoffen auf einen „Steve-Jobs-Effekt": Seitdem der Mitbegründer von Apple dorthin zurückgekehrt ist, reiht sich dort eine Erfolgsmeldung an die nächste. Zum Amtsantritt von Jobs gab es viele, die an den Überlebenschancen von Apple zweifelten. Auch Dell und Yahoo hatten sich in Schwierigkeiten manövriert; die schon zu Lebzeiten legendären Gründer suchen jetzt nach einem Ausweg. Ähnliches gilt für Starbucks, auch wenn in diesen drei Fällen von einer existenzbedrohenden Krise keine Rede sein kann.

Gleichwohl hat die Starbucks-Aktie im vergangenen Jahr an der Börse gut die Hälfte ihres Wertes eingebüßt. Und die Rückkehr des durchaus charismatischen Schultz in das Amt des Vorstandsvorsitzenden (CEO) wurde von der Börse mit einem Kurssprung von rund 9 Prozent im Tagesverlauf gefeiert. Seit dem Jahr 2000 war Schultz nur noch Verwaltungsratsvorsitzender (Chairman) gewesen. Der bisherige Vorstandsvorsitzende Jim Donald verlasse das Unternehmen, hatte Starbucks überraschend mitgeteilt. Die Nachricht kam an einem Tag, an dem über einen Plan der Schnellrestaurantkette McDonald's berichtet worden war, den Starbucks auf seinem Heimatmarkt mit neuen Kaffeebars in seinen Filialen zu attackieren. Darauf will Schultz nun reagieren. Denn Starbucks spürt die Grenzen seiner raschen Expansion in den vergangenen Jahren.

Besonders auf dem Heimatmarkt hat das Unternehmen Mühe, sein hohes Wachstumstempo beizubehalten und dabei nicht an Qualität und Erlebnischarakter eines Besuchs bei Starbucks zu viele Abstriche machen zu müssen. Jetzt hat Schultz angekündigt, dass in den Vereinigten Staaten schlecht laufende Läden geschlossen werden sollen und weniger neue Geschäfte öffnen werden als bisher geplant. So etwas hat es bei Starbucks bisher noch nicht gegeben.

„In mancher Hinsicht sind wir Opfer unseres Erfolgs geworden", räumte Schultz in einer Telefonkonferenz ein. Er habe das Amt auf längere Sicht übernommen. Starbucks müsse sich in einem Strategiewechsel wieder auf seine Wurzeln besinnen, sagte Schultz, der auch sein Amt als Verwaltungsratschef behalten wird. Grundsätzlich hat Schultz mit Starbucks eine Marke aufgebaut, die mit ihrem Klang geschäftlich gewiss so viel erreichen könnte wie Disney, Coca-Cola oder – Apple. Der 55 Jahre alte Schultz ist zwar nicht der Gründer von Starbucks, wohl aber derjenige, der von einem Besuch in Mailand die Kaffeebar-Idee mit nach Amerika gebracht hat. Starbucks gab es schon elf Jahre, als Schultz, vom Kopiererspezialisten Xerox kommend, 1982 Verkaufs- und Marketingchef bei Starbucks wurde. Fünf Jahre nach seinem Einstieg bei Starbucks kaufte Schultz die Vorbesitzer aus, juristisch beraten vom Vater des Microsoft-Mitbegründers Bill Gates – und begann mit der bisher unaufhaltsamen Expansion.

Zum Schaden des aus bescheidenen Verhältnissen im New Yorker Stadtteil Brooklyn stammenden Schultz, der auf das soziale Engagement seines Unternehmens viel Wert legt und dafür jüngst auf einer Goodwill-Tour durch Afrika war („Wir zahlen den Kaffeebauern freiwillig höhere Preise"), war das nicht. Dem Basketballfan gehören zudem die Seattle Supersonics. Doch an der Kasse eines Starbucks in der Düsseldorfer Altstadt muss auch Schultz selber zahlen. Da gibt es keine Ausnahme – und zusätzliche zahlende Kunden muss Schultz in immer mehr seiner Filialen locken. Starbucks hat inzwischen gut 14.000 „Coffee Houses" in 43 Ländern, davon 109 in Deutschland. Im vergangenen Geschäftsjahr wurden 2.571 neue Shops eröffnet, fast jeder dritte davon außerhalb der Vereinigten Staaten. Dort wächst das Geschäft prozentual am schnellsten; dort will Schultz künftig noch stärker investieren. In Amerika hingegen machen sich die mancherorts in Sichtweite voneinander liegenden Filialen bisweilen selbst Konkurrenz.

Schon vor knapp einem Jahr hatte Schultz in einem Brief an die Geschäftsführung eine Rückkehr zu den Wurzeln des Unternehmens gefordert. In seinem flammenden Appell bemängelte Schultz, dass die rasche Expansion zu einer Verwässerung des Erlebnisses für die Kunden geführt habe. Der Brief hatte für Aufsehen gesorgt, aber wenig gebracht. Daran gibt Schultz sich heute durchaus selbst die Schuld. Dass eine Wende auf die Schnelle manchmal gar nicht so einfach zu vollziehen ist, zeigt der Blick auf den Computerhersteller Dell. Auch dort war Michael Dell zunächst von der Börse als Heilsbringer begrüßt worden. Aber der Aktienkurs hat in den vergangenen zwölf Monaten dann doch rund 19 Prozent an Wert verloren. „Wir machen Fortschritte, aber es gibt noch viel zu tun", hatte Dell zur Vorlage der jüngsten Quartalszahlen eingeräumt. Auch die Yahoo-Aktionäre blicken seit der Amtsübernahme von Yang trotz eines anfänglichen Kursfeuerwerks auf ein Kursminus.

Hier und Jetzt

Wie so häufig behielten die Aktionäre auch in diesem Fall recht. Yang sollte es auch in den folgenden Jahren nicht schaffen, Yahoo wieder auf Kurs zu bringen. Apple hingegen zieht einsam seine Bahn: Einige Zeit nach der Einführung des iPhone auf den wichtigsten Märkten der Welt beginnt ein weiterer bedeutender Siegeszug. Apple beginnt, eigenständige Programme („Apps") für das iPhone anzubieten, die von Dritten programmiert und danach entweder über den iTunes-Dienst verkauft oder verschenkt werden. Gehen die Produkte in den Verkauf, behält Apple eine Provision ein. So entstehen schnell Tausende, später Hunderttausende Apps, die längst zu einem weiteren wichtigen Verkaufsargument für das iPhone geworden sind. Auch dieser Entwicklung sollte der einstige Platzhirsch unter den Handyanbietern Nokia nichts entgegenzusetzen haben.

In seinem angestammten Geschäft mit Computern ist Apple ebenfalls nicht untätig, wenngleich die Vorstellung des superdünnen „Macbook Air" im Jahr 2008 vergleichsweise geringe Aufmerksamkeit findet. In dieser Hinsicht hat sich gegenüber 1999 viel verändert: Mit traditionellen Computern fällt es inzwischen selbst Jobs schwer, die Massen zu bewegen, wie dünn auch immer sie sein mögen. Alles dreht sich nur um Handys oder andere mobile Produkte – ist ein neues iPhone eingeführt, fiebert kurz danach schon wieder jeder der nächsten Generation entgegen.

Für die Verbindung von Fernsehen und Internet, an der sich Apple in einem neuen Anlauf ebenfalls versucht, gilt Ähnliches wie für die traditionellen Computer – echte Begeisterung mag noch nicht aufkommen.

XXXIII. San Francisco, 17. Januar 2008:

Das dünnste Notebook der Welt

Apple will mit dem „dünnsten Notebook der Welt" von der wachsenden Nachfrage nach mobilen Computern profitieren, hat mit seinen jüngsten Neuvorstellungen die Anleger aber enttäuscht. Steve Jobs stellte am Dienstag in San Francisco das neue „Macbook Air" vor, das an seiner dicksten Stelle knapp zwei Zentimeter flach ist. Bisher kam das flachste Notebook vom japanischen Hersteller Sony. Apple will außerdem mit einem Online-Filmverleih ein wesentlicher Mitspieler auf dem Markt für den Verleih von Videos werden, die über das Internet heruntergeladen werden. Der Kurs der Apple-Aktie fiel nach der Präsentation auf der Apple-Messe „Macworld Expo" allerdings um gut 5 Prozent auf 169 Dollar. Denn die von Jobs vorgestellten Neuheiten waren erwartet worden; Überraschungen blieben aus, ein verbessertes iPhone-Handy gibt es nicht. Die Kursverluste relativieren sich allerdings vor dem Hintergrund der Kursverdoppelung, die der Apple-Aktie in den vergangenen zwölf Monaten gelungen ist.

Über sein „iTunes Movie Rentals"-Online-Geschäft wird Apple zunächst nur in den Vereinigten Staaten mehr als 1.000 Filme anbieten, die 30 Tage nach Erscheinen der entsprechenden DVD für bis zu 3,99 Dollar über das Internet heruntergeladen und danach ausgeliehen werden können. Darunter werden sich Filme von Universal, Warner Bros., Sony, Fox, Paramount und Disney finden. Jobs kündigte an, noch im selben Jahr den Online-Verleih auch auf andere Regionen, insbesondere auf Europa, auszuweiten. Apple hat über seinen „iTunes Music Store", der die Kunden künftig auch zum Filmangebot führen soll, inzwischen insgesamt vier Milliarden Musikstücke verkauft und dominiert damit den Online-Musikmarkt. Der Verkauf von Fernsehsendungen (125 Millionen) und Filmen (7 Millionen) verläuft im Vergleich hierzu schleppend. Einen Schub für den Online-Videovertrieb erhofft sich Jobs von einer Neuauflage der Fernseh-Settop-Box „Apple TV", die künftig auch ohne einen Computeranschluss Filme in hoher Auflösung aus dem Netz laden kann. Das Apple TV war bisher kein Verkaufsschlager.

Jobs präsentierte aber auch das neue, dünne Notebook. Das 1,36 Kilogramm leichte Gerät hat eine Aluminium-Hülle, kommt auf eine Akku-Laufzeit von fünf Stunden und ist mit einem „Intel Core2Duo"-Prozessor mit 1,6 oder 1,8 Gigahertz Taktfrequenz bestückt. Der Bildschirm hat eine Diagonale von 13,3 Zoll. Das Macbook Air kostet in Deutschland 1.699 Euro – und hat kein optisches Laufwerk.

Hier und Jetzt

So weit, so gut. Die Musik spielt woanders.

Vor allem das Erfolgspotential des App Store wurde zu seiner Einführung nicht nur von Nokia, sondern von vielen Unternehmen auf der Welt ganz klar unterschätzt, wie der folgende, etwas zu kurz geratene Tagebucheintrag beweist.

XXXIV. San Francisco, 6. März 2008:

Der App Store

Der App Store ist da, ein Verkaufsportal für Computerprogramme, die ausschließlich auf Apple-Computern sowie den mobilen Geräten von Apple laufen. Es ist also ein geschlossenes System, und Steve Jobs behält sich die totale Kontrolle darüber vor. Apple darf eine fertige App nach Prüfung ablehnen.

Hier und Jetzt

Das bringt Apple viel Kritik ein, denn die Zensur gilt auch für die Angebote zum Beispiel der freien Presse. Aber bisher ist der Erfolg unangefochten: Die im App Store erhältlichen Programme und die damit verbundenen Umsätze lassen die Konkurrenz weiter hinter sich. Inzwischen kann es sich kaum ein namhaftes Unternehmen mehr leisten, seine Produkt- oder Markenwelt nicht auch über eine eigene App zu vermarkten. Bis Mitte 2011 werden mehr als 15 Milliarden Apps aus dem App Store von den weltweit mehr als 200 Millionen iPhone-, iPad- und iPod-touch-Anwendern heruntergeladen. Zu dem Zeitpunkt bietet der App Store mehr als 425.000 Apps an. „In gerade einmal drei Jahren ist der revolutionäre App Store zum aufregendsten und erfolgreichsten Marktplatz für Software geworden, den die Welt je gesehen hat", begeistert sich Philip Schiller, Senior Vice President Worldwide Product Marketing von Apple. Stolz vermeldet Apple auch, bis Juli 2011 mehr als 2,5 Milliarden Dollar an Einnahmen an die jeweiligen App-Entwickler ausbezahlt zu haben.

Die Augen der Berichterstatter richten sich in diesen Tagen aber überhaupt noch nicht auf den App-Store, sondern auf die Weiterentwicklung des iPhone, die den Namenszusatz „3G" tragen wird. War die erste Generation vor allem in Europa noch dafür kritisiert worden, technisch nicht auf dem neuesten Stand zu sein, sollte sich das mit dieser Version ändern. Das Gerät arbeitet mit einem schnelleren Mobilfunkstandard – und es erlaubt die Anbindung an unternehmenseigene E-Mail-Netze, die hierfür die entsprechende Exchange-Software von Microsoft nutzten. Der Siegeszug des iPhone würde endgültig beginnen, jetzt auch in Europa.

Für den Blackberry-Hersteller RIM und Nokia sind das ganz schlechte Nachrichten, doch eine angemessene Reaktion bleibt abermals aus.

XXV. San Francisco, 9. Juni 2008:

Das iPhone wird erwachsen

Besser und billiger – das verspricht Apple mit der zweiten Generation des iPhone. Das erste iPhone hat Apple vor knapp einem Jahr auf den Markt gebracht. Kein anderes neues Produkt hat im vergangenen Jahr eine ähnliche Hysterie ausgelöst. Apple hat seither sechs Millionen Exemplare verkauft, nach Ansicht von Analysten eine stattliche, wenn auch nicht spektakuläre Zahl. Mit der zweiten Generation will Apple das iPhone zu einem Massenprodukt machen und sein Ziel erreichen, in diesem Jahr zehn Millionen Geräte abzusetzen. Darauf deutet auch die neue Auslandsstrategie hin. Bisher ist das Gerät nur in sechs Ländern erhältlich. Die neue Version hingegen soll auf einen Schlag in 22 Ländern verfügbar sein. Noch im Lauf dieses Jahres sollen es 70 Länder werden. Wie bisher soll das Gerät exklusiv von T-Mobile vertrieben werden.

Das iPhone gilt in Deutschland bisher nicht als spektakulärer Erfolg, nach Angaben von T-Mobile sind seit dem Verkaufsstart im vergangenen November rund 100.000 Exemplare abgesetzt worden. Archibald Horlitz, der Gründer der deutschen Apple-Handelskette Gravis, erklärt sich dies damit, dass Deutsche weniger technologiebegeistert seien als Amerikaner. Außerdem habe der hohe Preis die Deutschen vom Kauf abgehalten. Er meint aber, dies werde sich mit dem neuen Modell ändern: „Die iPhone-Ära beginnt jetzt erst richtig." Dafür werde auch die bessere Ausstattung sorgen. Das neue iPhone erlaubt schnellen Datenverkehr mit Hilfe der UMTS-Variante HSDPA. Daneben ermöglicht das neue iPhone Navigation über GPS sowie den Abgleich von E-Mail und Kalender über Microsoft Exchange.

Hier und Jetzt

Nach Deutschland kommen in diesem Jahr nun auch die Apple Stores, also echte Konkurrenten für Gravis. Die erste Filiale eröffnet pünktlich zum Beginn des Weihnachtsgeschäfts in München.

XXVI. München, 6. Dezember 2008:

Ein erstes Apple-Geschäft in Deutschland

Der erste Retail Store von Apple in Deutschland wird in München eröffnet. In der Rosenstraße, nur ein paar Schritte entfernt vom Marienplatz, liegt der zweistöckige Apple Store mitten im Herzen von München. Die Läden übernehmen das amerikanische Konzept in einer exakten Kopie – Apple nutzt in seinen Läden geschickt die Möglichkeit, eine „Community" begeisterter Nutzer aufzubauen. So kommen nun auch die „iTunes-Live"-Konzerte nach Deutschland, eine Konzertreihe mit Musikern, die live im Apple Store auftreten. Der Eintritt ist kostenlos, die Konzerte werden aufgenommen und stehen anschließend über den iTunes Music Store zum Download bereit. Sie sind damit eine Produktion von Apple für Apple.

Hier und Jetzt

Und auch Neuigkeiten in Sachen App Store lassen nicht mehr lange auf sich warten, inzwischen entgeht niemandem mehr, dass sich Apple hier einen weiteren Baustein für einen nachhaltigen Erfolg seiner mobilen Produkte geschaffen hat.

2009

XXVII. San Francisco, 24. April 2009:

App Store übertrifft Milliardengrenze an Downloads

Mehr als eine Milliarde Programme wurden bisher aus dem App Store heruntergeladen. Die Eine-Milliardste-Anwendung mit dem Namen „Bump“, entwickelt von Bump Technologies, wurde von dem 13 Jahre alten Connor Mulcahey aus Weston, Connecticut, heruntergeladen. Als Hauptgewinner des „1 Milliarde Countdown-Wettbewerbs“ von Apple erhält Connor unter anderem eine iTunes-Geschenkkarte im Wert von 10.000 Dollar, einen iPod touch und ein MacBook Pro. „Innerhalb von neun Monaten hat der App Store die Mobilindustrie komplett revolutioniert – und das ist erst der Anfang“, feiert sich Apple in der entsprechenden Pressemitteilung selbst – und sollte damit recht behalten.

Hier und Jetzt

Das hätte noch im Jahr 2008 niemand vermutet. Andererseits hat Apple auch schon in dieser Zeit eigentlich nur noch ein ernsthaftes Problem: die Gesundheit des Vorstandschefs.

XXVIII. San Francisco, 24. Juni 2009:

Der Geheimniskrämer in Sachen Gesundheit

Was haben Eric Schmidt, der Vorstandsvorsitzende des Internetkonzerns Google, Al Gore, der frühere Vizepräsident der Vereinigten Staaten und Arthur Levinson, der Verwaltungsratschef des weltbekannten Biotechunternehmens Genentech gemeinsam? Sie erfreuen sich in der amerikanischen Unternehmenswelt und Gesellschaft eines hohen Ansehens und großer Prominenz – und sie sitzen im Verwaltungsrat von Apple. Dort aber, das müssen sie sich jedenfalls von amerikanischen Analysten und Journalisten immer häufiger vorhalten lassen, versagen sie in einem Punkt völlig: Ihnen gelingt es nicht, den Apple-Aktionären ein vernünftiges Bild vom gesundheitlichen Zustand von Steve Jobs zu vermitteln, der zugleich der oberste Verkäufer und wichtigste Ideengeber des Unternehmens ist. Deshalb schießen immer wieder Spekulationen ins Kraut, die den Aktienkurs von Apple beeinflussen – und schon allein deshalb den Verwaltungsrat des Konzerns interessieren sollten. Seit dieser Woche ist Jobs angeblich wieder im Dienst, so ganz genau weiß man es nicht. Aber die Apple-Auguren schließen das – ganz im Duktus früherer Kreml-Astrologen in der Zeit des Kalten Krieges – allein aus der Erwähnung seines vollständigen Namens in der jüngsten Pressemitteilung von Apple zum Verkaufserfolg der neuesten Auflage des iPhone-Mobiltelefons.

Angeblich, so ist an anderer Stelle zu lesen, hat Jobs von einem Spender eine neue Leber erhalten. Der entsprechende Bericht darüber wird von Apple zunächst aber, ganz in der verschwiegenen Tradition des Hauses, weder bestätigt noch dementiert. Und so bleiben der gesundheitliche Zustand von Jobs und seine möglicherweise wiedererlangte berufliche Belastbarkeit so geheimnisumwoben wie ein neues Apple-Produkt eine Woche vor seiner offiziellen Vorstellung. Apple hat einmal behauptet, die Gesundheit von Jobs sei auch seine Privatsache. Und tatsächlich ist es häufig weit hergeholt, wenn das Wohl eines Unternehmens allein mit dem Tun des Vorstandsvorsitzenden verbunden wird. Wenn es aber ein großes Unternehmen gibt, in dem die Gesundheit des Vorstandsvorsitzenden mit dem Geschäft besonders eng verwoben ist, dann ist es Apple. Und gerade Jobs selbst weiß wie kein Zweiter, dass sich die technikbegeisterte Welt für ihn interessiert, ganz persönlich: Um damalige Spekulationen über seine Gesundheit einzudämmen, ließ er im vergangenen Herbst sogar seinen Blutdruck (110/70) auf einer Leinwand einblenden.

Aber in den Wochen danach wurde Jobs immer hagerer. Anfang des Jahres wandte er sich schließlich in einem offenen Brief an die „liebe Apple-Gemeinschaft". Der Grund für den besorgniserregenden Gewichtsverlust sei ein „hormonelles Ungleichgewicht, das meinem Körper die zur Gesundheit notwendigen Proteine raubt", teilte er mit. Die Behandlung werde ihn aber selbstverständlich nicht daran hindern, das Unternehmen zu führen. Angeblich war er in den vergangenen Wochen tatsächlich in alle wichtigen Entscheidungen eingebunden. Gleichwohl ist die operative Führung von Apple in der Zwischenzeit noch stärker als ohnehin schon von dem für das Tagesgeschäft verantwortlichen Chief Operating Officer Tim Cook übernommen worden.

Auf manche Beobachter wirkte der Brief vom Jahresanfang sogar wie eine Beruhigung: Denn vor fünf Jahren war Jobs an einem Tumor der Bauchspeicheldrüse erkrankt – und hatte die lebensbedrohliche Krankheit auch damals erst Monate später bekannt gegeben. Spätestens seit dieser Zeit sind die Finanzmärkte aber nervös, wenn es um die Gesundheit von Steve Jobs geht. Das hat auch damit zu tun, dass die Öffentlichkeit, trotz der zwischenzeitlich größeren Verantwortung von Cook, über eine Nachfolgeregelung für den inzwischen 54 Jahre alten Jobs im Unklaren ist.

Bei den großen Produktvorstellungen beanspruchte Jobs das Rampenlicht in der Vergangenheit stets für sich selbst. Auch wegen dieser schon zu Lebzeiten legendären Auftritte warten nun alle Apple-Anhänger, wann er wieder die Gemeinde der Computerenthusiasten mit seiner Anwesenheit beehren wird. Für das Unternehmen aber, da sind sich die gerade amerikanischen Beobachter einig, wird die Geheimniskrämerei des wohl passioniertesten

Geheimniskrämers in der Unternehmenswelt zunehmend zur Last – und der so prominent besetzte Verwaltungsrat sollte etwas dagegen unternehmen.

Hier und Jetzt

Kurz danach wurde klar, dass sich Jobs tatsächlich einer Lebertransplantation unterziehen musste. Und sein Gesundheitszustand scheint sich seither immer nur vorübergehend verbessert zu haben. Unbestritten ist allerdings auch, dass der geschäftliche Erfolg von Apple unter dieser Belastung bisher nicht gelitten hat, auch wenn kolportiert wird, während vergangener Abwesenheiten habe es hinter den Kulissen von Apple manche Rangelei gegeben.

Jedenfalls ist Jobs fortan nicht mehr ganz so präsent wie in den Jahren zuvor. Dafür taucht im Silicon Valley nun wieder ein Name auf, der im Zusammenhang mit dem Wiederaufstieg von Apple nicht unerwähnt bleiben darf. Denn indirekt hat auch jemand wie Marc Andreessen dazu beigetragen, dass Apple über das Massenphänomen Internet wieder Anschluss an die Zukunft gefunden hat. Ohne das Internet, für das das inzwischen so berühmte kleine „i" steht, wären Apple-Computer eine Insel geblieben – erst Webbrowser haben Apple wieder das Tor zur Welt aufgestoßen.

Auch deshalb muss Marc Andreessen kennen, wer die Entwicklung der Informationstechnologie in den vergangenen 15 Jahren verstehen will. Andreessen hat das Internet dem Massenpublikum erschlossen – und ist seither immer da, wo es gerade spannend ist, zuletzt beim Internettelefonanbieter Skype.

XXIX. Frankfurt, 2. September 2009:

Internet-Avantgarde

Optisch hat sich Marc Andreessen gar nicht gut gehalten: Ein paar Kilo weniger auf den Rippen des 38 Jahre alten Internetpioniers wären nicht schlecht, auch die Haare waren früher schon einmal sehr viel zahlreicher – ein attraktiver Mann sieht nach allgemeinen Geschmacksmaßstäben anders aus. Das soll aber keine Beleidigung sein, und Andreessen würde einer solchen Beschreibung einerseits vermutlich zustimmen, andererseits wäre sie ihm gewiss völlig gleichgültig. Denn Attraktivität ist relativ, und Andreessen hat sein berufliches und privates Glück längst gefunden.

Der Mann ist jung und doch schon das, was man eine Legende nennt. Reich ist er obendrein, aus eigener Kraft und durch Heirat noch etwas mehr. Andreessen hat zwar alle Höhen und Tiefen des Internets in der vordersten Frontlinie miterlebt, dabei aber trotz aller Stellungswechsel stets die Position gehalten: Wo Andreessen im Internet ist, findet man die Avantgarde. Davor ziehen viele den Hut, denn das ist in der schnelllebigen Welt von Computern und Internet alles andere als leicht. Avantgarde war Andreessen, als er an der University of Illinois den sogenannten Mosaic-Browser programmierte, der zur Grundlage der Netscape-Technik werden sollte – und damit desjenigen Zugangsprogramms zum Internet, das das weltumspannende Datennetz zum Massenphänomen machen sollte. Mit dem Börsengang des aus dem Browser entstandenen Unternehmens Netscape wurde der damals 25 Jahre alte Andreessen 1995 zum Wunderkind der Internetgeneration. Daran kam auch der Platzhirsch nicht vorbei: Selbst Microsoft entwickelte den Code des konkurrierenden Internet Explorer mit der Hilfe einer Mosaic-Lizenz von der University of Illinois. Als Netscape für 4,2 Milliarden Dollar von AOL gekauft wurde, wechselte auch Andreessen zunächst zu AOL, verließ das Unternehmen (keine Avantgarde) aber 1999 und gründete – schon wieder auf der Suche nach etwas Aufregenderem – das Internetdienstleistungsunternehmen Loudcloud, das seinerseits im Jahr 2001 an die Börse ging und sich nach dem Verkauf seines Servicesegments an die Electronic Data Systems in Opsware umbenannte. Opsware wurde im September 2007 für 1,6 Milliarden Dollar an Hewlett-Packard verkauft. Ein Misserfolg sieht anders aus.

Heute gilt Andreessens Interesse längst nicht nur der Community-Plattform Ning (www.ning.com), die er 2005 mitgegründet hatte, oder dem Unternehmen Digg (www.digg.com), einem Anbieter sogenannter „Social Bookmarks", der sich auf jede Art von Nachrichten, Videos und Podcasts spezialisiert hat. Auch bei den schon sehr viel bekannteren, jungen Internetunternehmen Linkedin, Twitter oder Facebook ist er dabei – und damit einmal mehr Teil der Avantgarde: mal als Investor, mal als Mitglied des Aufsichtsrats. Vor ein paar Wochen kündigte Andreessen dann in seinem Internettagebuch (Blog) an, dass er einen (weiteren) Schritt vom Unternehmer zum Investor gehen würde. Andreessen Horowitz heißt sein neuer Fonds; 300 Millionen Dollar haben er und sein Partner aus Netscape-Zeiten, Ben Horowitz, mitten in der Wirtschaftskrise eingesammelt. Es ist gleichsam ein Vertrauensvorschuss: Das Geld will Andreessen vornehmlich in Internet- und Softwareunternehmen im Silicon Valley investieren. Denn dort geht wieder etwas bei den Unternehmenstransaktionen. Amazon übernimmt Zappos.com, Facebook kauft Friendfeed, MSNBC.com kauft Everyblock. Andreessen sagte deshalb vor einiger Zeit, das Silicon Valley kehre zu seiner Furchtlosigkeit zurück.

Furchtlos hat Andreessen jetzt auch einen Blick auf den Internettelefondienst Skype geworfen, der in den vergangenen Jahren zum Internetauktionshaus Ebay gehört hat – dort aber trotz ordentlicher Wachstumsraten nicht heimisch geworden ist. Es ist nicht unwahrscheinlich, dass es Andreessen mit seinen Kollegen schafft, auch Skype wieder stärker zur Avantgarde zu machen – und damit noch interessanter und erfolgreicher, natürlich vor allem mit dem Ziel, es zu einem noch besseren Zeitpunkt mit Gewinn weiterzureichen.

Damit würde Andreessen dann gewiss auch seinen Schwiegervater noch etwas stolzer machen, als der es vermutlich ohnehin schon ist. Denn seit 1996 ist er mit Laura Arrillaga verheiratet, deren Vater mit Immobiliengeschäften im Silicon Valley ein Milliardenvermögen aufgebaut hat. Aus dem Geschäft mit Internet-Browsern, der Wiege seines Erfolgs, hat sich Andreessen zudem auch noch nicht gänzlich verabschiedet. Vielmehr überraschte das von ihm beratene Unternehmen Facebook vor ein paar Tagen mit der Ankündigung, sich nun auch selbst mit einem solchen Programm befassen zu wollen: Es heißt Rockmelt – und man darf gespannt sein, welchen Stein Andreessen im Internet als Nächstes zum Schmelzen bringen wird. Durchhaltevermögen hat der Mann jedenfalls, und in dieser Hinsicht ist er dann auch sehr viel drahtiger, als es der optische Eindruck suggeriert.

Hier und Jetzt

Der Plan, den Andreessen mit Skype verfolgt hat, ist aufgegangen. Microsoft hat das Unternehmen 2011 für 8,5 Milliarden Dollar übernommen. Skype soll Microsoft im Wettbewerb mit Apple und dem Internetkonzern Google und deren Videodiensten Facetime und Google Talk helfen. Microsoft verfügt schon heute über einige Kommunikationsdienste, die auch mit Video arbeiten können, zum Beispiel das mit der Bürosoftware Office verbundene Angebot Lync. Skype solle aber auch mit dem Windows Phone 7 mit Smartphone-Software sowie mit den Videospieleaktivitäten um die Konsole Xbox verknüpft werden. Andreessen selbst wird das nicht mehr so sehr interessieren. Für ihn ist aus der Transkation ein schöner Gewinn übriggeblieben – und er kann sich mit einer weiteren Feder erfolgreicher Investments schmücken.

Wichtig wird in dieser Zeit noch eine weitere Entwicklung: die der Echtzeitkommunikation in sogenannten Sozialen Netzwerken. Denn die internetfähigen Smartphones wie das von Jobs eingeführte iPhone haben dafür gesorgt, dass das Internet heute in entwickelten Ländern jedermann jederzeit zur Verfügung steht. Damit wird etwas möglich, das vorher unvorstellbar war: Jeder Smartphone-Nutzer kann über das Internet der ganzen Welt mitteilen, wo er gerade ist, was er gerade tut, denkt oder sieht. Das viel beschworene globale Dorf ist entstanden.

Auf dieser Entwicklung bauen im Silicon Valley einige neue Geschäftsmodelle auf: Denn das Internet kann jetzt auch in Echtzeit durchsucht werden. Das ist eine Revolution.

XXX. Frankfurt, 12. Dezember 2009:

Sie wurden gefunden[3]

Die Orte, an denen sich die Welt der Technik verändert, sind häufig unscheinbar. Es kann sich um einen kleinen Vortragssaal in der Hauptverwaltung des Computerherstellers Apple handeln, zum Beispiel dann, wenn dort der erste digitale Musikspieler des Hauses vorgestellt wird, der iPod. Das war im Jahr 2001. Seither ist der Konsum von Musik sowohl mobil als auch digital geworden – und in der Musikindustrie ist nichts mehr so, wie es früher war. In dieser Woche ist nur wenige Kilometer von jenem Vortragssaal entfernt, in der kalifornischen Silicon-Valley-Gemeinde Mountain View, etwas angekündigt worden, was möglicherweise noch bedeutender ist: Das Internet kann jetzt in Echtzeit, also ohne jede Zeitverzögerung, zwischen der Veröffentlichung einer Nachricht und der jeweiligen Abfrage durchsucht werden.

Der Internetkonzern Google hatte sich als Veranstaltungsort für diese Ankündigung ein Museum ausgesucht, das Museum der Computergeschichte. In dem Haus kann man erleben, wie sich die Technik von Mikroprozessoren in den Jahren zwischen 1971 und heute weiterentwickelt hat. Keine vierzig Jahre sind die ältesten Chips in diesem Museum alt, und jetzt schicken sich ihre hochleistungsfähigen Nachfolger an, unser Leben vollends digital zu vernetzen. Der zunächst abstrakte Begriff Echtzeit-Internet gibt Antworten auf ganz konkrete Schwierigkeiten des Alltags: Denn auf Fragen wie „Woher kommt jetzt die laute Musik im Park?" oder „Scheint oben auf dem Berg gerade die Sonne?" wusste bisher noch nicht einmal Google die Antwort. Die Suchmaschine durchsuchte bisher zwar schon Milliarden Internetseiten in Sekundenschnelle, aber für die aktuell spannendste Entwicklung im Netz, eben das Echtzeit-Internet, war selbst Google zu langsam. Dass jemand schneller als Google ist, hat die Chefs, die sich bei jeder persönlichen Begegnung stets unglaublich locker geben, mächtig nervös gemacht.

---

3 Unter Mitarbeit von Holger Schmidt

Niemals zuvor haben der Google-Vorstandsvorsitzende Eric Schmidt und der Unternehmensmitbegründer Larry Page ihre Mannschaft so stark angetrieben wie bei diesem Thema. Mit Erfolg. Seit dieser Woche, seit der Ankündigung ihres „Google Fellow“ Amit Singhal und ihrer Vorzeige-Softwareingenieurin Marissa Mayer im Museum in Mountain View ist Google wieder auf Augenhöhe mit dem Internet. Denn das Echtzeit-Internet ist zurzeit das Topthema aller Internetkonferenzen. Es besteht aus den vielen Millionen Statusaktualisierungen in sozialen Netzwerken wie Facebook und den 140 Zeichen langen Tweets auf Twitter. Das sind allesamt Namen, die schon die meisten derjenigen in ihrer Bedeutung nicht mehr erfassen können, die zu der Zeit geboren wurden, als Intel seine ersten Mikroprozessoren auf den Markt brachte.

Doch schon die Kinder dieser Generation werden in einer Welt aufwachsen, in der Twitter & Co. Selbstverständlichkeiten des Alltags sind, so, wie es früher das Fernsehen war. Twitter zum Beispiel könnte man als Kurznachrichtendienst bezeichnen. Das Unternehmen ist quasi der Erfinder des Echtzeit-Internets. Dort senden die Nutzer jeden Tag knapp 30 Millionen Nachrichten, machen sich gegenseitig auf interessante Informationen aufmerksam oder schreiben einfach nur, dass sie im Moment auf einem Heavy-Metal-Konzert im Stadtpark sind oder bei strahlendem Sonnenschein auf dem Berg Ski fahren. Bisher haben diese Informationen bestenfalls die Freunde, neudeutsch die „Follower“, also die Abonnenten der jeweiligen individuellen Nachrichtenkanäle auf Twitter interessiert; allerdings können daraus schnell relevante Informationen werden. So war die Entscheidung von General Motors, Opel doch zu behalten, schon eine gute halbe Stunde auf Twitter zu lesen, bevor das „heute journal“ auf Sendung ging – aber an jenem Tag von dieser Entwicklung noch nichts berichtete.

Nach solchen Erlebnissen kann niemand mehr daran zweifeln, dass Twitter einen höchst ernsthaften Nutzen stiften kann. „Das Sortieren der Inhalte aus den sozialen Medien ist eine unserer größten Herausforderungen“, sagte Schmidt jüngst. Die Entwicklung leistungsfähiger sozialer oder maschineller Filter wird die Informationsflut aber nach allgemeiner Branchenansicht sehr bald beherrschbar machen; Angst muss niemand davor haben, der ein Mindestmaß an Lernbereitschaft mitbringt. Das Echtzeit-Internet hat das weltumspannende Datennetz schon heute grundlegend verändert. Informationen fließen in hohem Tempo durchs Netz, werden als persönliche Empfehlungen weitergeleitet. Die Notlandung des Flugzeugs auf dem Hudson River in New York hat die Mechanismen im Echtzeit-Web gezeigt: Ein Augenzeuge bringt die Information – das Foto des notgelandeten Flugzeugs – per Twitter ins Netz; seine Follower leiten den Link zum Foto weiter, und binnen weniger Minuten geht die Geschichte um die Welt. Dieser Informationsstrom hat das klassische Nachrichtengeschäft enorm beschleunigt. Seit es Twitter gibt, ist die Zeitspanne zwischen dem Ereignis und den ersten Berichten in den Online-Medien deutlich kürzer geworden, womit sich klassische „schnelle" Medien wie zum Beispiel das Fernsehen einer besonderen Herausforderung gegenübersehen: Twitter ist als Informationsverteiler der Turbo im globalen Nachrichtengeschäft geworden.

Doch Echtzeit hat noch viel mehr Facetten. Sie zeigen sich in einer Erfindung, die Google inmitten der historischen Museumscomputer zeitgleich vorstellte: Google „Goggles". Dabei handelt es sich um ein mobiles Bilderkennungssystem, das in Sekundenschnelle Informationen zum fotografierten Produkt liefert. Mithilfe des Satellitennavigationssystems GPS (Global Positioning System), das schon heute in allen Auto-Navis steckt, und einem eingebauten Kompass können moderne Handyprogramme zum Beispiel Gebäude erkennen und über die mobile Datenleitung relevante Informationen dazu besorgen. Unter dem Schlagwort der „erweiterten Realität" (Augmented Reality) werden Verfahren entwickelt, die zu einem Motiv, das von der Handykamera anvisiert wird, passende Informationen aus dem Internet holt und über das Bild einblendet. Das würde übrigens auch mit menschlichen Gesichtern und ihrer mobilen Erkennung funktionieren, doch diese – für viele Menschen gewiss beängstigende – Funktion haben die Programmierer von Google bisher nicht vorgesehen.[4]

4 Das soziale Netzwerk Facebook hingegen hat im Juli 2011 einen Gesichtserkennungsdienst gestartet.

Fest steht aber so oder so, dass die Mobilität den größten Entwicklungssprung hervorrufen wird. Die mobilen Datennetze werden in einigen Jahren wie das heutige Festnetz genutzt werden. Die Übertragungsgeschwindigkeiten werden ähnlich hoch, die Pauschaltarife ebenso erschwinglich sein. Mit der vierten Mobilfunkgeneration LTE steht ein noch schnellerer Datenübertragungsnachfolger in den Startlöchern. Das mobile Internet wird damit in einem Echtzeit-Modus enden: In Echtzeit wissen, ob sich hinter der Kuppe ein Stau gebildet hat, ist nur eine nützliche Anwendung, an der gerade geforscht wird. Befinden sich viele Handys hintereinander bewegungslos auf einer Straße, kann es sich nur um einen Stau handeln. Diese Information rechtzeitig an die anderen Autofahrer zu senden, die ebenfalls auf dieser Straße unterwegs sind, ist nur eine Frage der Rechenleistung und der Übertragungskapazität der Mobilfunknetze. Die Autofahrer zuverlässig um den Stau herumzulotsen ist dann nicht mehr schwer; „normale" Navigation mit dem Handy gibt es von Google schon heute. Ohnehin wird die gesamte elektronische Kommunikation von Mensch zu Mensch künftig in Echtzeit ablaufen.

In Amerika sagen Branchenkenner voraus, dass mit den Echtzeit-Daten aus dem Netz ein Milliardenmarkt erwachsen könne. Für Google ist der Vorteil klar: Die Suchmaschine liefert jetzt noch viel mehr Antworten auf die Fragen der Menschen, wird noch häufiger genutzt und kann noch mehr passende Werbung einblenden. Denn der Weg zur ortsbezogenen „Echtzeit-Werbung" ist nicht mehr weit. Eric Schmidt sagte schon im vergangenen Jahr: Die nächste große Welle in der Werbung ist das mobile Internet. Dass die Echtzeit dazukommen würde, konnte er damals noch nicht wissen. Dass Echtzeit ein perfektes Google-Thema ist, hat er inzwischen verstanden.

Dass diese Entwicklungen auch Risiken mit sich bringen, steht außer Frage. So locken die sozialen Netzwerke, die jetzt in Echtzeit durchsucht werden können, Cyber-Kriminelle an. Der amerikanische Netzwerkausrüster Cisco Systems hat in seinem jüngsten Sicherheitsbericht festgestellt, dass die Nutzer dieser Netzwerke in der Regel keinerlei Vorsichtsmaßnahmen treffen, um die Ausbreitung von schadhafter Software oder Viren zu verhindern. Das ist für Kriminelle attraktiv, denn allein Facebook verdreifachte seine aktive Nutzerzahl im Laufe dieses Jahres auf 350 Millionen: Schlechtes Nutzerverhalten, potentielle Schwachstellen und veraltete Software könnten sich in Kombination verheerend auf die Netzwerksicherheit auswirken, sagt Patrick Peterson, der oberste Sicherheitsforscher von Cisco: Dabei sei der Mensch oft der größte Risikofaktor.

Was der Mitarbeiter von Cisco nicht sagt: Die Datensammlungen werden zugleich für den Menschen zu einem Risiko, mit dem die Gesellschaft umzugehen lernen muss. Die Gefahr einer digitalen Spaltung der Gesellschaft in die „Digital Natives" und die Außenstehenden wird mit steigendem Tempo des technischen Fortschritts nicht kleiner, sondern größer. Die Entwicklung der Informationsgesellschaft ist kein Automatismus, sondern erfordert viel Lernbereitschaft.

Unterschätzen sollte man das Echtzeit-Internet auf keinen Fall. Schon zum Börsengang von Google hatte es von den Skeptikern geheißen, das Unternehmen mit den coolen Jungs habe gegen den etablierten Softwarekonzern Microsoft keine Chance. Bisher ist es genau umgekehrt, auch wenn Microsofts Suchmaschine Bing das Internet sogar schon etwas früher in Echtzeit durchsuchen konnte als Google. Nur: Wen interessiert heute noch so recht, was Microsoft im Internet macht?

Hier und Jetzt

Tatsächlich sind es auch solche Fragen, die Microsoft dazu angetrieben haben, so viel Geld für Skype zu bezahlen. Im Sommer 2011 hat Google zudem ein eigenes soziales Netzwerk ins Leben gerufen, das den Namen „Google+" trägt; es macht sowohl Facebook als auch Twitter Konkurrenz – und ein wenig auch Apple. Denn gerade mit Handys, die das Android-Betriebssystem von Google nutzen, funktioniert es bestens. Die Suchkooperation von Google mit Twitter wurde mit der Einführung von „Google+" beendet.

Unabhängig von diesen Entwicklungen und der Krankheit von Steve Jobs ist die Begeisterung für die Marke Apple auf der Welt aber ungebrochen, wie die Eröffnung des ersten Apple Stores in Frankfurt am Main im Winter des Jahres 2010 zeigt. Vielmehr werden die Apple-Produkte durch den immer größeren Nutzen, den das mobile Internet den Menschen verspricht, stetig attraktiver. Und genau in diesem Marktsegment steht Steve Jobs unmittelbar vor der Einführung seines nächsten großen Wurfs. Es wird nicht mehr lange dauern, und Bill Gates wird sich schmerzlich an seine Reden auf der Comdex in Las Vegas zurückerinnern – und daran, wie wenig Microsoft aus diesen Ideen machen konnte.

2010

XXXI. Frankfurt, 24. Januar 2010:

Wenn ein Apple Store nach Frankfurt kommt

Wenn die Augen glänzen, sind kalte Füße gleichgültig. Aber wie steht man zu einer Marke, wenn man bereit ist, nachts, früh am Morgen, bis kurz vor Mittag stundenlang in Eiseskälte in ein leeres, noch nie zuvor von einem Kunden besuchtes Geschäft zu blicken, über dem ein weißer Apfel prangt? Wie fühlt man sich, wenn man nach zehn Stunden des Wartens endlich von einem Spalier jubelnder Mitarbeiter begrüßt wird? Keine Frage: Dieses Willkommen ist eines mit Ausrufezeichen. Doch letztlich geht es einfach nur um Konsum, an diesem Tag genau einen Monat nach Weihnachten. Aber auch auf die Fragen gibt es eine Antwort: Das Warten, schließlich der Eintritt, hat etwas Sakrales. Herr, es ist Zeit! Steve Jobs und die Seinen haben entschieden, ein Haus zu bauen.

Dieses Mal steht es in Frankfurt. Keine Anzeige hat auf den Tag der Eröffnung hingewiesen. Auch Sonderangebote gibt es keine. Die Läden gibt es auf der Welt schon an 283 anderen Stellen. Und das schon seit dem Jahr 2001. Nichts wirklich Neues also. Und doch stehen kurz vor der Eröffnung am Samstag um 11 Uhr Hunderte Menschen in einer Reihe innerhalb von Absperrgittern und wollen hinein. Dabei sehen sie überall, in zehn Ländern dieser Erde, fast gleich aus, diese Läden. In Amerika wird sogar schon über ein neues Design für die Verkaufsgeschäfte nachgedacht, in denen Apple seine Produkte ohne weiteren Zwischenhändler direkt an die Kunden vertreibt. Georg Albrecht, der deutsche Pressesprecher, hat davon auch schon gehört. Mehr aber auch nicht. So ist das bei Apple: Vor der nächsten Predigt von Jobs hört man lange von der Botschaft.

Und irgendwann ist es so weit. Dann kommt ein neues Produkt auf den Markt. Oder in der Umgebung eröffnet ein „Apple Store“. Dann kommen sie, ein jeglicher aus seiner Stadt. In Frankfurt kommt der erste Kunde immerhin aus dem nicht eben nahen Montabaur. Er ist 18 Jahre alt. Die Produkte des Hauses hat er schon. Natürlich auch ein iPhone. Kaufen will er höchstens eine Tasche für dieses Mobiltelefon. Dafür hätte er nicht so früh aufstehen müssen. Aber wann jemals wird er wieder die Chance haben, mit seinem Namen überall dort vermerkt zu werden, wo an diesem Tag über die Eröffnung des dritten Ladens dieser Art in Deutschland berichtet wird?

Frankfurt folgt auf München und Hamburg, aber es ist der größte Laden, den die Amerikaner in Deutschland bisher gebaut haben, wie immer an einer ersten Adresse, der sogenannten Freßgass' in Frankfurt, zwischen Alter Oper und Zeil gelegen, an einer Straße, die auf den Stadtplänen eigentlich Große Bockenheimer Straße heißt. Das steht auch auf den 2.000 schwarzen T-Shirts, die die ersten Besucher geschenkt bekommen: „Große Bockenheimer Straße", dann das Firmenlogo und hinten am Nacken, wie auf jedem Produkt von Apple, der Aufdruck: „Designed by Apple in California".

Der Blumenhändler von nebenan räumt derweil seine von den Menschenmassen gefährdete Auslage weg: Was ist hier bloß los? Dabei kommt Jobs, der Mann, der die Marke in den vergangenen zehn Jahren zu einem Massenphänomen gemacht hat, zu solchen Eröffnungen längst nicht mehr selbst. Seine Strahlkraft überträgt sich auch so auf seine Emissäre, in diesem Fall auf den für das internationale Einzelhandelsgeschäft zuständigen Manager Steve Cano, dessen amerikanische Begeisterungsfähigkeit nur auf denjenigen befremdlich wirkt, der glaubt, über das Phänomen Apple werde seit Jahren viel zu viel berichtet. Solche Kritiker haben einerseits recht. Andererseits: Gibt es in der Familie nicht doch längst jemanden, der einen digitalen Musikspieler mit dem Namen iPod benutzt? Wer hätte nicht gern ein iPhone oder gibt damit an, schon eines zu haben? Und diejenigen, die über Apple berichten, haben seit Wochen ohnehin nur noch ein Thema: Was wird Jobs in dieser Woche auf einer Veranstaltung in San Francisco ankündigen, wo die „neueste Schöpfung" des Hauses gezeigt werden soll? Der Pressesprecher weiß von nichts. Warten wir also wieder. Verkündigt wird gewiss große Freude, mehr dazu in ein paar Tagen.

Hier und Jetzt

Das, was sich da ankündigte, sollte nichts weniger als die bisher letzte große Produktinnovation von Jobs und Apple werden: Der Tabletcomputer iPad. Der Microsoft-Mitbegründer Bill Gates hatte zwar schon viele Jahre zuvor auf einer Computermesse in Las Vegas das Konzept eines Tablet PC vorgestellt. Danach kamen auch entsprechende Produkte auf den Markt, die wegen ihrer technischen Beschränkungen niemanden überzeugen konnten. Erst Jobs hatte das richtige Gespür für den passenden Zeitpunkt, ein solches Produkt auf den Markt zu bringen. Es ist das Technikprodukt der vergangenen beiden Jahre schlechthin geworden – wer hätte das gedacht, so kurz nach dem durchschlagenden Erfolg mit dem iPhone?

XXXII. San Francisco, 30. Januar 2010

Apple und die Chance des iPad[5]

Den will ich haben! Das sagen sich immer mehr Menschen, die noch vor zehn Jahren nicht im Traum daran gedacht hätten, einmal ein Produkt der Marke Apple zu besitzen. Inzwischen aber wurde der eine vielleicht vom digitalen Musikspieler iPod gelockt. Die andere hat das Mobiltelefon iPhone angezogen. Und davor soll es auch schon Menschen gegeben haben, die sich nach dem ersten Blick auf einen Laptop mit einer bei Dunkelheit beleuchteten Tastatur für Apple begeistert haben. So etwas ist zum Beispiel in Stieg Larssons Bestseller „Verblendung" nachzulesen. In zwei Monaten wird man Larssons Romane, die mit Apple-Werbung vollgepackt sind, auch auf dem soeben neu vorgestellten Tabletcomputer des Hauses lesen können, dem iPad.

Seit der Online-Buchhändler Amazon sein Gerät zur Darstellung elektronischer Bücher mit dem Namen Kindle auf den Markt gebracht hat, wissen wir, dass dahinter ein Geschäftsmodell stecken kann. Über das iPad wäre in dieser Woche aber nicht so viel berichtet worden, wenn es nicht noch um eine ganz andere Frage ginge: Wird das iPad auch das Informationsverhalten der Generation derjenigen verändern, die derzeit unter dreißig Jahre alt sind, also von denjenigen, die sich schon lange nicht mehr auf den traditionellen Wegen über das Weltgeschehen auf dem Laufenden halten?

Darüber ist unmittelbar nach der Präsentation des Geräts durch Steve Jobs eine heftige Debatte entbrannt. Fest steht bisher nur, dass Jobs mal wieder eine große Show geliefert hat. Damit kennt man nun die technischen Details des Geräts. Aber viele Fragen bleiben, nicht nur für die Verlage. Und es kann munter weiterspekuliert werden. Wird das iPad zu seinem Verkaufsbeginn in zwei Monaten für eine ähnliche Hysterie sorgen wie im Jahr 2007 das

5 Unter Mitarbeit von Roland Lindner

Multimedia-Handy iPhone, das Menschenmassen in die Apple-Läden lockte? Kann das iPad zu einer ähnlich starken Säule für Apple werden wie das iPhone, das mittlerweile mehr als ein Drittel zum Konzernumsatz beisteuert? Jobs hat jedenfalls – wie üblich – dick aufgetragen und das iPad als „magisches und revolutionäres Produkt“ angekündigt.

Aber er hat auch zugegeben, dass die Messlatte sehr hoch liegt: Jobs will das iPad als „dritte Kategorie“ von tragbaren Computern positionieren, in der Mitte zwischen Laptops und Smartphones wie dem iPhone. Damit das iPad aber überhaupt eine Daseinsberechtigung habe, müsse es in vielen Dingen besser sein als Laptops und Smartphones, sagte Jobs: für die Internetnutzung, das Ansehen von Videoinhalten, das Lesen digitaler Bücher oder für Videospiele. Freilich pries Jobs das iPad als genau einen solchen überlegenen Alleskönner an. Jenseits dessen habe es „keine Daseinsberechtigung“. Auch das räumt Jobs ein. Immerhin.

Tatsächlich nimmt sich der Apple-Chef viel vor, wenn er eine Revolution mit einem Produkt verspricht, das als eine Mischform bestehender Kategorien definiert ist. Das Publikum in San Francisco hing Jobs zwar während seiner Präsentation wie gewohnt an den Lippen, aber hinterher machte sich doch etwas Ernüchterung breit. Schnell mäkelten einige, das iPad komme im Prinzip nicht anders daher als die Großversion eines iPhone. Die von Jobs beschriebene Überlegenheit des iPad gegenüber allem bisher da gewesenen wurde bezweifelt. Kritiker meinten, es werde nicht leicht sein, die Verbraucher zu überzeugen, dass sie noch eine dritte Art von Gerät brauchen, zumal das iPad mit einem Preis zwischen 499 und 829 Dollar je nach Version nicht billig ist. Andererseits kann nach der Demonstration von Jobs niemand bestreiten, dass das iPad viel kann.

Der große berührungsempfindliche Bildschirm (Touchscreen) erlaubt ein ganz anderes Erlebnis bei der Internetnutzung als das iPhone, und die Eingabe über die virtuelle Tastatur ist komfortabler. Künftige iPad-Besitzer müssen aber auch auf einige Dinge verzichten: Das Gerät hat keine eingebaute Kamera, es kann nicht mit der weitverbreiteten Videosoftware Flash des ebenfalls in Kalifornien ansässigen Softwarekonzerns Adobe arbeiten, was auf vielen Internetseiten klaffende Lücken entstehen lässt, und es erlaubt nicht das gleichzeitige Ausführen von Programmen nebeneinander. Der Nutzen des iPad dürfte grundsätzlich eher im Konsumieren von Inhalten liegen, nicht so sehr im Kreieren. Produkte wie der iPod oder das iPhone sind auch deshalb so populär, weil Apple ein ganzes „Ökosystem" um sie herum gebaut hat: Der zum iPod gehörende Online-Dienst iTunes bedeutete den Durchbruch für die Vermarktung digitaler Musik. Das iPhone wiederum hat einen gewaltigen Schub durch den von Apple ins Leben gerufenen App Store bekommen. Mit dem App Store reichert das Unternehmen sein iPhone um Funktionen an, ohne selbst viel dafür tun zu müssen. Sie sind für das Unternehmen also eine perfekte Einnahmequelle mit minimalen Kosten, die zudem die Attraktivität der eigenen Produkte erheblich erhöht. Diese Zusatzsoftware gilt mittlerweile als wichtiges Erfolgskriterium in der Handybranche, und Apple hat mit einem Angebot von 140.000 Programmen einen riesigen Vorsprung vor Wettbewerbern.

Was genau die bahnbrechenden Elemente des iPad sein könnten, liegt trotz allem noch nicht auf der Hand, und vielleicht kann es sich erst zeigen, wenn das Gerät auf den Markt kommt. Auch wenn das Produkt nicht auf einhelligen Jubel gestoßen ist und der Aktienkurs verhalten bis negativ reagiert hat, meinen doch die meisten Analysten an der New Yorker Wall Street, dass es sich gut verkaufen wird. Manche sagen einen Absatz von drei Millionen iPads im ersten Jahr voraus, andere halten 6 Millionen für möglich. Bis das iPad freilich in die Dimensionen von iPod und iPhone vorstößt, würde es nach diesen Prognosen noch einige Zeit dauern: Denn Apple hat bis heute mehr als 42 Millionen iPhones und mehr als 250 Millionen iPods verkauft. Auf der Basis dieser Zahlen lässt sich auch nicht bestreiten, dass Apple für den Verkauf von Musik über das Internet sich und der Musikindustrie ein neues Geschäftsmodell geschaffen hat. Und den Verkauf von Büchern hat Apple zwar nicht erfunden, aber mit dem iPad nun am schönsten verpackt. So empfiehlt sich das iPad als digitales Lesegerät und ernsthafte Bedrohung für spezialisierte E-Reader wie eben den Kindle. Jobs hat bei der Veranstaltung einen Online-Dienst zum Verkauf digitaler Bücher aus dem Hut gezaubert, in der Art der

Musik- und Videoplattform iTunes. Aber eine Antwort darauf, inwiefern das iPad jenseits von Büchern auch zu einer Vertriebsplattform für andere Medieninhalte werden kann und somit zu einer neuen Einnahmequelle etwa für Zeitungen, Zeitschriften oder Fernsehsendungen, hat Jobs nicht gegeben.

Das müssen sich die Verlage nun selbst überlegen. Der gezeigte Prototyp einer iPad-Version der „New York Times" lässt ahnen, dass Zeitungen neue Möglichkeiten für ihren digitalen Auftritt haben könnten. Tatsächlich muss es den Verlagen jetzt gelingen, Software für das iPad programmieren zu lassen, die das digitale Lesen dort wieder zu einem dem Medium angemessenen Erlebnis macht: Zu einer haptischen und visuellen Attraktion, die die gedruckte Ausgabe für ihre traditionellen Anhänger längst ist, zu einem Produkt, das über die Kostenloskultur der normalen Nachrichtenseite des jeweiligen Medienhauses im Internet hinausgeht. Wer die Blogs und sonstigen Bemerkungen der tatsächlichen und selbst ernannten Medienfachleute in den Tagen nach der Vorstellung des iPad gelesen hat, stellt fest: Jobs und Apple bieten dafür eine Chance, mehr nicht. Dass es eine solche Chance gibt, ist hingegen erfreulich. Denn die Generation der Menschen unter dreißig Jahren entwickelt sich für die Verlage zum Problemfall. Das hat schon vor einiger Zeit das Institut für Demoskopie Allensbach erforscht: Weder die Tageszeitung noch das Fernsehen und noch nicht einmal das Internet werden in der Altersklasse bis dreißig Jahre für die tägliche Information genutzt. „Trotz einer Reichweite von 86 Prozent spielt das Internet als Informationsquelle für das aktuelle Geschehen in der jungen Generation nur eine geringe Rolle. Stichtagsbefragungen belegen, dass im Durchschnitt nur 15 Prozent dieser Altersklasse sich mithilfe des Internets über das aktuelle Geschehen informieren", hat Renate Köcher von Allensbach dazu festgestellt. Man informiert sich dann, wenn man etwas Bestimmtes wissen will. Der auf Knopfdruck jederzeit verfügbare, schier unerschöpfliche Informationsbestand des Internets lässt die kontinuierliche Information überflüssig erscheinen.

Das iPad von Apple allein wird hierzu gewiss keine gegenläufige Entwicklung anstoßen können. Aber das Gerät könnte es attraktiv machen, digitale Zeitungen und Magazine zu entwickeln, die die besten Eigenschaften aus gedrucktem Heft und Internet miteinander verbinden. Bilder und Texte könnten auf eine neue Art miteinander verschmelzen, Grafiken, Videos und auch Werbung auf eine neue Weise interessant werden. Der Nachrichtenkonsum könnte auch in dieser Altersgruppe weg vom schnellen „Ex und hopp“ zurück auf die gemütliche Lektüre auf dem Sofa geführt werden. Es ist ein Traum, der Traum von einer Art iTunes für Nachrichten, den derzeit Journalisten und Verlage träumen. Doch bisher hat Jobs dafür nur die Plattform vorgestellt, nicht mehr und nicht weniger.

Hier und Jetzt

Die Einführung des iPad folgt somit dem bei Apple inzwischen üblichen Muster. Bei allem Enthusiasmus gibt es in der Fachwelt zahlreiche Skeptiker, die die Marktchancen differenziert beurteilen. Aber auch hier erfüllte Jobs seine eigenen, hochgesteckten Erwartungen. Inzwischen hat sein Unternehmen knapp 30 Millionen iPads verkauft. Die Verlage hingegen haben auf die Frage, wie sie das attraktive Lesegerät zu besseren digitalen Vermarktung ihrer eigenen Produkte nutzen können, noch keine überzeugende Antwort gefunden.

Selbst der Mann, der zur Markteinführung des iPad voller Begeisterung verlangte, dass Verlage ob des neuen elektronischen Vertriebswegs vor Apple niederknien sollten, äußert sich mittlerweile ernüchtert. „Unser Verhältnis zu Apple könnte man als Hassliebe charakterisieren“, sagte der Springer-Vorstandsvorsitzende Mathias Döpfner im Sommer 2011 dem „Manager Magazin“. „Wir finden die Produkte großartig, aber natürlich sind wir hochgradig unzufrieden darüber, dass Apple uns keinen direkten Zugriff auf die Kundendaten erlaubt oder 30 Prozent vom Umsatz, den unsere Apps erzielen, einbehalten werden.“ Dieses Verhalten hält der Verlagsmanager für inakzeptabel. Genauso wie die „Tendenz, auf Inhalte Einfluss zu nehmen“.

Die Aussagen waren in der Branche auch deshalb eine Überraschung, weil Döpfner das iPad über seine Zeitungen eifrig vermarktet und sich die Situation zwischen den Verlagen und Apple gerade wieder entspannte. Die großen Verlegerverbände begrüßten gerade die Ankündigungen von Apple, einige Abrechnungsmethoden innerhalb von Apps zugunsten der Verlage anzupassen, als „substanzielle" Verbesserung. Döpfner geht aber wohl davon aus, dass Apple die Geschäftsbedingungen noch sehr viel stärker zum Vorteil der Verlage ändern wird, sobald andere Anbieter (also vor allem Google mit Android) stark genug sind. Im Übrigen habe Apple das „DDR-Marketing in genialer Weise zurückgebracht: Es gilt das Prinzip der Verknappung, wer etwas haben will, muss sich hinten anstellen. Apple biedert sich nicht an, sondern entzieht sich seinen Kunden. Und wirkt dadurch besonders begehrenswert".

In der Tat: Apple aber wird mit der Hilfe des iPad etwas gelingen, was nur ein paar Jahre zuvor niemand für möglich gehalten hätte. Steve Jobs' Unternehmen ist plötzlich wertvoller als Microsoft: So hat sich dieser Tag im Herzen des Silicon Valley angefühlt, einer Region, die neun Jahre nach dem Zerplatzen der Internetblase wieder vor Selbstbewusstsein strotz – längst nicht nur, aber auch wegen Apple.

XXXIII. San Jose, 5. Juni 2010:

Besuch im Valley:
Apple ist wertvoller als Microsoft

Die Verkäuferin kann sich jedem Passanten einzeln widmen. Es ist nichts los an diesem Mittwochnachmittag im großen „Valley Fair"-Einkaufszentrum direkt an der Ortsgrenze zwischen den Silicon-Valley-Gemeinden Santa Clara und San Jose. Die Verkäuferin sucht deshalb den Blickkontakt. Ihre Stimme changiert in der Tonlage zwischen keck und anbiedernd. In ihrer Stimme liegt der Druck, für den eine provisionsabhängige Bezahlung sorgen kann: „Would you like to try a free sample of ...?", ruft sie herüber, als der potentielle Kunde noch fünf Meter von ihr entfernt ist. Der lächelt, schüttelt mit dem Kopf, geht weiter. Es folgt noch ein Werbeversuch der Verkäuferin, aber sie macht in diesem Moment kein Geschäft mit ihren Körperpflegeprodukten.

Schließlich erreicht der Passant den „Apple Store" und wird in dem weitgehend entvölkerten Einkaufszentrum sofort Teil einer angeregt diskutierenden, sehr kaufwilligen Menschenmenge. Jeder hat etwas in der Hand, ein Mobiltelefon, einen digitalen Musikspieler, einen Laptop oder einen dieser neuen Computer in der Form eines Tabletts. In keinem der anderen Geschäfte arbeiten in diesem Einkaufszentrum auf der gleichen Ladenfläche mehr Verkäufer. Aber von den zahlreichen jungen Verkäufern in ihren blauen Apple-T-Shirts haben in diesem Laden allesamt etwas mit Kunden zu tun, meist sogar mit mehreren. Besonders viel ist an dem Tisch los, auf dem die Tabletcomputer mit dem Namen iPad gezeigt werden, die es hier schon länger gibt als in Deutschland: „Haben Sie denn noch ein iPad im Lager?", fragt ein Kunde. „Nein, aber wenn Sie möchten, setzen wir Sie auf die Reservierungsliste. Wir schicken Ihnen eine E-Mail, wenn die Geräte wieder verfügbar sind." Diese Aussage ist in einem Land, in dem die Kunden daran gewöhnt sind, jedes Produkt bis hin zum Auto sofort aus dem Geschäft mitzunehmen, ein bemerkenswerter Ausdruck höchster Nachfrage. Dann wendet sich der Verkäufer wieder ab – und fragt einen anderen Kunden zur Sicherheit: „Das wussten Sie doch, oder?"

Auf dem Markt kann die Welt grausam sein: Wie sehr wird die Verkäuferin am Stand mit den Körperpflegeprodukten ihre Kollegen von Apple beneiden? Wie sehr hatte sich gerade noch die Bedienung im Freizeitmodegeschäft der Marke „Gap“ um die Einkaufsliste des Kunden bemüht, Schnittformen, Sonderangebote erläutert, einen besonderen Rabatt samt Kundenkarte angeboten – nur um ein paar T-Shirts zu verkaufen? Was ist im Vergleich zur sonst so harten Welt des Einzelhandels gerade nur bei Apple los? „Es ist surreal“, wird Steve Jobs kurz darauf sagen – und damit kommentieren, dass der Wert, den die Börse seinem Unternehmen beimisst, an jenem Mittwochnachmittag zum ersten Mal den des Softwarekonzerns Microsoft übertroffen hat. Apple, das klassische Silicon-Valley-Unternehmen, nicht weit von diesem Einkaufszentrum in einer Garage gegründet, bedient mit seinen Höhen und Tiefen alle Klischees, die man den Firmen hier zuschreibt. Apple ist so stark wie nie zuvor. Das ganze Valley ist wieder da. Der Niedergang nach dem Platzen der Internetblase im Jahr 2001 ist überwunden. Apple aus dem sonnigen Kalifornien ist mehr wert als Microsoft aus dem verregneten Seattle im Norden. Das ist schier unglaublich.

Das gesamte Ökosystem der Unternehmen im Valley funktioniert wieder: Die Internetunternehmen Google und Facebook sind so groß geworden, dass sich Politiker in aller Welt für ihre Macht interessieren. Hewlett-Packard, eine Garagengründung aus Palo Alto, kauft eine Firma nach der nächsten: den Computerdienstleister EDS, den Netzwerkausrüster 3Com, den Handyhersteller Palm. Intel aus Santa Clara hatte den Markt für Computerprozessoren noch nie so gut im Griff wie jetzt. Der Softwarekonzern Oracle aus Redwood City hat dem deutschen Wettbewerber SAP durch diverse Übernahmen mächtig Feuer gemacht. Die nächste neue Nachricht aus der Szene wird vermutlich zuerst getwittert, also mit ihren maximal 140 Zeichen in Echtzeit im Internet gelesen. Twittern, das ist ein neues Verb, neuer als googeln, aber schon in der jüngsten Auflage des ehrwürdigen deutschen Duden zu finden. Es leitet sich aus dem Namen und dem Angebot des in San Francisco ansässigen (und vom dortigen Bürgermeister, dem aufstrebenden Lokalpolitiker Gavin Newsom, eifrig genutzten) Unternehmens Twitter ab, einer der jüngsten weltumspannenden Erfolgsgeschichten aus dem Valley.

Gute Zahlen und Nachrichten liefern aber nicht nur die Valley-Unternehmen, die jeder kennt, sondern auch diejenigen, die nur IT-Spezialisten etwas sagen, deshalb aber nicht weniger wichtig sind. Netapp, ein Hersteller von leistungsfähigen Datenspeichern aus Sunnyvale, ist hierfür ein Beispiel. Im jüngsten Quartal hat das Unternehmen seinen Umsatz um ein Drittel (auf 1,2 Milliarden Dollar) gesteigert; der Gewinn hat sich (auf 145 Millionen Dollar) fast verdoppelt. Und auch die Aussichten sind gut. Immer mehr Unternehmen müssen immer mehr Daten speichern und auf diese schnell und intelligent zugreifen können. Die zentrale Speicherung und Verwaltung von Daten in einer sogenannten „Wolke“ (Cloud), räumlich entkoppelt vom Sitz der jeweiligen Unternehmen, denen die Daten „gehören“, in Computern und Rechenzentren, die effizient von vielen Auftraggebern gleichzeitig genutzt werden können – das ist neben Apple das Thema im Silicon Valley.

Damit sind die üblichen Träume verbunden, der Optimismus, der den Menschen hier so gut steht, weil er zu Versprechungen führt, die häufiger eingehalten werden, als man glaubt: „Wir können unseren Umsatz noch leicht verdoppeln“, sagt der Netapp-Vorstandsvorsitzende Tom Georgens zu Kunden aus aller Welt, die zu einer Veranstaltung ins Valley gekommen sind, auf der die innovativsten von ihnen mit einem Preis ausgezeichnet werden. Dabei handelt es sich zum Beispiel um das Filmstudio Weta Digital aus Neuseeland, dessen Rechner für die Optik in Hollywoodfilmen wie „Der Herr der Ringe“ oder „Avatar“ zuständig sind und dabei unvorstellbar viele Daten produzieren, die gespeichert werden müssen. Ähnliches gilt aber natürlich auch für ein Filmstudio wie Pixar, ein Unternehmen, das abermals unter dem Einfluss von Jobs zu einem Schwergewicht in seiner Branche geworden ist. Derzeit sind im Valley und bald auch auf der ganzen Welt Plakate für das neueste Pixar-Werk mit dem Namen „Toy Story 3“ geklebt. Mit so einem Film, der in Deutschland am 29. Juli 2010 anläuft, wird der Einfluss, den die Ideen aus dem Valley auf die Welt haben, im Wortsinn anschaulich: Der durchschnittliche internationale Umsatz mit einem Pixar-Film beläuft sich mit 550 Millionen Dollar auf den Jahresumsatz eines größeren mittelständischen Betriebs. Das Studio hat für seine Werke schon 24 Oscar-Auszeichnungen gesammelt. Und wer den Pixar-Studios einen Besuch abstattet, erkennt, dass kreative Menschen nach wie vor eine kreative Büroeinrichtung brauchen. Von außen sind die Gebäude im Valley meist so einfallslos wie in einem deutschen Gewerbepark, innen können sich rund um die Bürocomputer nicht selten ganze Spielzeugwelten aufbauen. Hier geht es so bunt zu wie in den wilden Jahren des Internethypes. Das ist nicht nur zum Spaß so. Spielzeug ist im Valley ein ernstes Geschäft: Die tragbaren Minicomputer und Telefone von Apple haben sich zu Spielkonsolen entwickelt, Electronic Arts, eines der führenden Softwarehäuser für Computerspiele, hat in der Nähe von Oracle seinen Sitz, Jobs hat zu Beginn seiner Karriere auch für den Computerspiele-Pionier Atari gearbeitet.

Und wenn Microsoft am übernächsten Sonntag in Los Angeles zur Weltpremiere für die berührungslose Steuerung seiner Videospielkonsole Xbox 360 bittet, wird man im Valley genau beobachten, welche neuen Möglichkeiten sich aus dieser Entwicklung mit dem Namen „Natal" ergeben, die später schließlich „Kinect" heißen wird. Schon jetzt trifft man hier Microsoft-Mitarbeiter, die mit strahlenden Augen von den ersten Tests berichten, die sie mit Kinect machen durften. Ein paar Tage vor der Veranstaltung in Los Angeles wird jedoch abermals Steve Jobs auf die Bühne treten, das asketische Gesicht des Silicon Valley. Vermutlich wird er am nächsten Montag die neueste Version seines Mobiltelefons iPhone vorstellen. Dann wird es für viele wieder einen neuen Grund geben, die Kosmetikverkäuferinnen nicht nur in der „Valley Fair"-Mall stehen zu lassen und auf direktem Weg den nächsten Apple Store zu besuchen.

Das nächste spannende Zukunftsthema daran: Mit jedem neu verkauften Gerät wird auch der zentral zu speichernde Datenhunger von Apple größer. Denn wer wann welches Buch, welchen Film oder vor allem welche Musik im Internet gekauft hat – das will in der neuen Welt des Silicon Valley irgendwo auf zentralen Netzwerk- und Speicherrechnern verfügbar gehalten und gepflegt werden. Auch Microsoft ist dabei, größere Teile seines Produktangebots, unter anderem des wichtigen Büroprogrammpakets Office, in die digitale Serverwolke Cloud zu verlagern und seinen Kunden damit Kosten und Effizienzvorteile zu bieten.

So haben die Menschen im Tal zwischen den Städten San Francisco und San Jose wieder neue Träume, denen sie hinterherjagen können. Nur abends, bei einem Glas Wein und einem saftigen Steak (im gesundheitsbewussten Valley natürlich mit Salat), trauern sie in diesen Tagen einer großen Chance auch einmal hinterher: Die Rockband U2 hat ihre freudig erwarteten Konzerte in Amerika abgesagt. Der U2-Sänger Bono hatte nach Pfingsten in Deutschland einen Bandscheibenvorfall. Dagegen haben sie selbst hier noch keine (Bio-)Technologie entwickelt, obwohl auch Bono zu den Geldgebern gehört, die mit ihren Wagniskapitalfirmen für den Schmierstoff im Valley sorgen, der die Ideen immer weiter sprudeln lässt.

Hier und Jetzt

In dieser Zeit vollzieht sich aber noch eine weitere Veränderung: Einst unumstößliche Gesetze in der IT geraten durch die neuen Trends hin zur Cloud einerseits und zur Mobilität andererseits ins Wanken. Das spürt nicht nur Microsoft, sondern auch der lange völlig unangefochtene Chiphersteller Intel. Der muss sich plötzlich mit einem Wettbewerber wie dem britischen Unternehmen ARM auseinandersetzen, dessen Chiptechnik nicht nur, aber auch das iPad antreibt. Um seine Flanken zu schließen, streckt Intel seine Fühler bis nach Deutschland aus. Der Kunde Apple setzt plötzlich selbst seine größten Lieferanten unter Druck.

XXXIV. Frankfurt, 7. August 2010:

Das Ende eines Duopols

„Intel kann es sich nicht leisten, die Infineon-Sparte nicht zu kaufen", sagt ein bekannter amerikanischer Aktienanalyst: „Verpasst der Konzern diese Gelegenheit, verliert er auf dem Markt für sogenannte Smartphones abermals." So sieht sie aus, die Computerwelt des Jahres 2010. Intel, der größte Hersteller von Computerchips, kann es sich, jedenfalls nach der Meinung wichtiger Branchenkenner, nicht leisten, eine vergleichsweise kleine Sparte des deutschen Wettbewerbers Infineon nicht zu kaufen. Die Sparte, um die es geht, liefert Prozessoren, die in tragbare Computer wie den Tabletrechner iPad von Apple eingebaut werden oder auch in Mobiltelefone wie das iPhone. Dabei handelt es sich um die Chips, die direkt mit den jeweiligen Mobilfunknetzwerken kommunizieren. Dort hat Intel, nachdem 2006 ein Versuch gescheitert war, in diesem Markt Fuß zu fassen, derzeit nichts zu bieten.

Denn Apple-Produkte sind plötzlich wichtig. Ein Telefon und ein Tabletcomputer haben den Markt aufgerollt. Für Intel reicht es deshalb schon lange nicht mehr aus, nur eng mit dem weltmarktführenden Softwarekonzern Microsoft zusammenzuarbeiten, um dadurch das alte „Wintel"-Monopol (zusammengesetzt aus dem Namen des Microsoft-Betriebssystems Windows und dem Unternehmensnamen Intel) und damit den Erfolg abzusichern. In den Personalcomputern (PC) und Notebooks von Apple sind die Intel-Prozessoren zwar seit einigen Jahren auch zu finden. Aber kein Geringerer als Steve Jobs sät eifrig Zweifel, ob den PCs überhaupt noch die Zukunft gehört.

Sollte er recht behalten, wäre es für Intel noch dringender, auf anderen Einsatzgebieten für Computerchips strategisch voranzukommen. Auf einer Fachtagung hat Jobs die PCs schon mit Traktoren verglichen und damit ihren Abgesang angestimmt. „Als wir noch eine Agrarnation waren, waren alle Autos Trucks, also kleine Lastwagen, weil man die auf den Bauernhöfen brauchte. Aber als man Autos für die Zentren der Städte brauchte, wurden die normalen Limousinen populärer. Bestimmte Innovationen, die in den Trucks überflüssig waren, wurden in den Limousinen richtig wichtig. Und die PCs werden künftig die Rolle dieser Trucks einnehmen", sagte Jobs. Es werde zwar immer noch viele von ihnen geben, aber sie würden eben nicht mehr von jedermann genutzt, sondern nur noch von einem Teil der Menschheit.

Die unfassbar hohen Absatzzahlen von Produkten wie dem iPhone und dem iPad, aber auch solche spöttischen Bemerkungen sind es, die Steve Ballmer, den Vorstandsvorsitzenden von Microsoft, maßlos ärgern. Nur einen Tag nach Jobs sagte Ballmer auf derselben Konferenz voller Trotz: „Die Menschen werden PCs noch in vielen kommenden Jahren in immer größerer Zahl nutzen. Dabei werden sich die Geräte kontinuierlich verändern. Sie werden kleiner und leichter werden. Einige werden eine Tastatur haben, andere nicht. Nichts, was die Menschen heute an einem PC erledigen, wird morgen weniger wichtig sein." Natürlich werde es bald auch Tabletcomputer mit dem Windows-Betriebssystem geben, ergänzte er noch, schon etwas schmallippiger – und dürfte dabei darüber nachgedacht haben, ob Apple bis dahin iPads in zweistelliger Millionenzahl verkauft haben wird. Zuletzt räumte Ballmer ein Desaster ein: „Wir waren bei der Software für Mobiltelefone einmal richtig weit vorne. Jetzt finden wir uns auf dem Markt plötzlich an Position fünf wieder." Und der Hoffnungsträger, das neue Windows für Mobiltelefone, wird noch bis zum Jahreswechsel auf sich warten lassen.

Bis dahin verkauft Apple weiter fleißig iPhones. Und der Internetkonzern Google, ein anderes Unternehmen, das Ballmer seit geraumer Zeit Kopfschmerzen bereitet, wird sein eigenes Betriebssystem für Mobiltelefone mit dem Namen „Android" immer leistungsfähiger machen. Schon heute gefällt es manchen besser als die iPhone-Software von Apple, von den noch gar nicht verfügbaren Microsoft-Angeboten oder denen des erstarrten Handy-Weltmarktführers Nokia ganz zu schweigen. Android ist für Ballmer und Microsoft ein ganz besonderes Lehrstück über die Innovationsfähigkeit von Unternehmen, die vielleicht schon zu groß geworden sind, weil das Betriebssystem federführend von einem ehemaligen Microsoft-Mitarbeiter hervorgebracht worden ist.

Denn einer der Väter von Android heißt Andy Rubin. Er hat nach seinem Ausscheiden bei Microsoft das Unternehmen mit dem Namen eines Roboters, der einem Menschen täuschend ähnlich sieht, gegründet. Dieses Unternehmen Android wurde im Jahr 2005 von Google gekauft. Dort wurde Rubin Senior Director Mobile Platforms, sorgte dafür, dass auch freie Programmierer, die nicht an ein Unternehmen gebunden sind, am Android-Betriebssystem arbeiten konnten, und ersann so einen Gegenentwurf zu den Programmen seines alten Arbeitgebers, der seine Entwicklungen im Kern abschottet, so gut es geht.

„Wenn es keine vom Hardware-Hersteller unabhängige Software gibt, wird der Kunde nicht optimal bedient", sagt Rubin zur Begründung. „Mit Android wollen wir verhindern, dass es dort etwas wie auf dem PC-Markt gibt, nämlich ein Monopol." So lässt sich an wenigen Beispielen erkennen, wie unübersichtlich, wie zum Teil chaotisch, aber auch um wie viel wettbewerbsintensiver und vor allem kreativer die Welt der Informationstechnologie geworden ist. Für die Kunden ist das gut. Und was für den Privatkundenmarkt gilt, trifft auch für den Absatz an Geschäftskunden zu. Dort haben sich Unternehmen wie Oracle und IBM zu vertikal integrierten Anbietern entwickelt, die Chips und noch viel mehr Software selbst herstellen und ihren Kunden erheblich mehr aus einer Hand verkaufen als früher. Alle bis hin zu Google eint, dass sie sich wichtige Marktpositionen erarbeiten wollen, um die Bedürfnisse des „Cloud Computing" zu bedienen, das Daten und Programme zu ihrer Bearbeitung zentral in großen Rechenzentren speichert. Auch das ist ein Angriff auf den PC.

In den Jahren des „Wintel"-Monopols waren die Dinge noch klarer. Intel hatte allenfalls mit dem Wettbewerber Advanced Micro Devices (AMD) zu tun, und der wurde, wenn seine Produkte auf einmal zu konkurrenzfähig wurden, mit allen Mitteln klein gehalten. Darauf deuten jedenfalls die Kartellverfahren in Amerika und Europa hin, die inzwischen abgeschlossen sind, Intel aber viel Geld oder andere Zugeständnisse gekostet haben. Das Verfahren in Amerika wurde erst in dieser Woche beendet. Das Zeugnis fällt ernüchternd aus: „Intel hat über die Stränge geschlagen", sagte der Vorsitzende der Handelskommission FTC, Jon Leibowitz. Intel habe seine herausragende Stellung im Prozessormarkt ausgenutzt, um die Konkurrenten klein zu halten. Das Unternehmen habe nicht nur Computerhersteller mit Rabatten und Drohungen dazu gebracht, Konkurrenzprodukte zu meiden. Es habe den Rivalen auch technisch Knüppel zwischen die Beine geworfen.

So soll Intel seine Prozessoren derart gestaltet haben, dass es für fremde Grafikchip-Anbieter schwierig geworden sei, ihre Produkte darauf abzustimmen. Auch habe der Konzern gängige Software derart manipuliert, dass sie auf Prozessoren der Wettbewerber langsamer laufe. „Softwaredesigner dachten, der AMD-Chip sei schuld an der geringeren Leistung, in Wahrheit waren es aber Intels Beschränkungen“, sagte Leibowitz. Eine solche Ohrfeige bekommt man nicht gern. Und jetzt gibt es auch noch Konkurrenz, die Intel früher überhaupt nicht beachten musste: Der britische Chipdesigner ARM entwickelt Prozessoren, die man in Autos ebenso findet wie im iPad und vielen anderen mobilen Geräten. Auch deshalb muss Intel in diesen Tagen mit einem Winzling wie Infineon plötzlich über den Kauf der Handychip-Sparte reden.

Ähnliches gilt für Microsoft. Das Unternehmen war groß und sich nicht zu schade, diesen Einfluss im Notfall brutal abzusichern. Auch das wurde von Kartellwächtern diesseits und jenseits des Atlantiks behandelt. Einst war vollkommen klar, dass man im Elektronikgroßmarkt um die Ecke nur ein Produkt zu kaufen hatte: den PC mit dem neuesten Chip von Intel und dem jüngsten Betriebssystem von Microsoft. Etwas anderes wurde im Zweifel auch gar nicht angeboten. Das war einmal. Das neue Windows-Betriebssystem Windows 7 verkauft sich zwar gut, und auch die neueste Version des Büroprogrammpaketes Office wird bestimmt wieder ein kommerzieller Erfolg. Dafür aber deutet einiges darauf hin, dass Intel und Microsoft auf dem Markt für die jungen Tabletsysteme nicht besonders erfolgreich sein werden, obwohl gerade Microsoft dort sehr früh Pionierarbeit geleistet hat. Zumindest bahnen sich entsprechende Entscheidungen der Hardware-Hersteller an: Unter diesen habe die Kombination von stromsparenden Intel-Prozessoren mit dem Namen „Atom“ und Windows als Basis für Tabletsysteme keine hohe Priorität, berichtet das taiwanische Branchenmagazin „Digi-Times“ unter Berufung auf Quellen in der Industrie.

Stattdessen setzen die Produzenten einmal mehr auf Geräte mit ARM-Prozessoren und einem Android-Betriebssystem. Zwar sollen auch Atom/Windows-Modelle hergestellt werden. Allerdings handele es sich dabei eher um Gefälligkeiten, um die Beziehungen zu Microsoft und Intel in anderen Bereichen nicht zu belasten. Das schmerzt. Und ob es Microsoft gelingen wird, die Geldmaschinen Windows und Office in einer für die Nutzer überzeugenden Weise mit der vielversprechenden Datenwolke „Cloud" zu verschmelzen, ist auch noch lange nicht ausgemacht.

Hier und Jetzt

So hält Steve Jobs die Computerwelt in Atem, nur sein Körper will nicht mehr so recht, deshalb heißt es zum Jahresbeginn 2011 einmal mehr: Tim Cook, übernehmen Sie. Somit wird es Zeit, einmal genauer zu schauen, wer dieser Tim Cook eigentlich ist, dem Jobs sein Vertrauen so uneingeschränkt zu schenken scheint.

2011

XXXV. San Francisco 19. Januar 2011:

Ersatz für den Unersetzlichen – Tim Cook

Tim Cook ist ein Junggeselle, ein Workaholic, ein Fitness-Fan und auch deshalb unglaublich gesund. Sein Vorgesetzter Steve Jobs ist krank. Aber nicht allein aus diesen Gründen ist Cook nach der Überzeugung einiger Analysten die perfekte Vertretung für den 55-jährigen Jobs. Denn es sei ja ohnehin der 50 Jahre alte Cook, der bei Apple das Heft des Tagesgeschäfts in der Hand halte, heißt es von Kennern des Unternehmens. Tatsächlich geht das, was Cook für Apple in den vergangenen Jahren geleistet hat, deutlich über das hinaus, was ein normaler Chief Operating Officer in einem amerikanischen Unternehmen verantwortet. Cook ist für die Verkaufs- und Produktionsaktivitäten von Apple auf der ganzen Welt zuständig. Er kümmert sich um die Lieferkette und den Service. Damit nicht genug, trägt er auch die Verantwortung für eine nicht unbedeutende Produktlinie, die Mac genannten Personalcomputer, die die Wurzel von Apple sind.

Und Cook kann noch mehr. Er hat schon zwei Mal bewiesen, dass er seinen Chef vertreten kann, ohne dass Apple deshalb aus dem Tritt kommt. Aus dieser Zeit ist der Mann, der sich hinter Jobs angemessenen Hintergrund zu halten weiß, auch einer breiteren Öffentlichkeit bekannter geworden. Seitdem weiß man, dass in der Überzeugung, wie die richtige Strategie von Apple auszusehen hat, kein Blatt Papier zwischen Jobs und seinen zweiten Mann passt. Apple müsse sich klar auf die wenigen Produkte konzentrieren, die dem Haus wirklich ein Herzensanliegen seien, dürfe sich nicht verzetteln und müsse seine ebenso klare Designsprache beibehalten, ist die Überzeugung von Cook ebenso wie von Jobs, der dafür sorgt, dass diese Strategie auch zu überragenden Margen führt.

Cook war schon ein gestandener Manager mit jahrelanger Erfahrung in der Branche, als er 1998, vom PC-Hersteller Compaq kommend und nach einer vorherigen langen Station bei IBM, unter Jobs anfing, für Apple zu arbeiten. Schon damals gab es viel zu tun, denn der Produktionsprozess und auch der Vertrieb von Apple waren im Wettbewerbsvergleich schlecht geführt. Das hat Cook abgestellt. Er folgt nicht der Devise „Entweder müssen die Kosten sinken oder die Preise hoch sein“. Unter seiner Regie hat es Apple geschafft, beide Ziele gleichermaßen zu erreichen. Die Preise sind hoch, die Kosten sind niedrig. Das wiederum bemisst sich in dieser Branche vor allem daran, für wie viele (oder besser: für wie wenige) Tage Apple Produkte im Lager vorhält, bevor sie an den Endkunden verkauft werden. Beim Blick auf diese Kenngröße hat es Cook geschafft, Apple neben dem PC-Direktversender Dell zum Industriestandard zu machen. Zudem agiert er mit einer in der Branche anerkannten Weitsicht. Als Apple 2005 in Paris mit dem iPod nano einen digitalen Musikspieler auf den Markt brachte, der ohne Festplatte funktioniert und stattdessen die Musik auf bestimmten Speicherchips hinterlegt, sorgte er mit einer Vorauszahlung in Milliardenhöhe dafür, dass sein Unternehmen über Jahre Zugriff auf die entsprechende Produktion der koreanischen Chiphersteller Hynix und Samsung bekam.

Und als Apple den Wechsel hin zu Prozessoren von Intel vollzog, gelang es Cook mit seinem Team, diesen Schritt ohne nennenswerte Delle in den Verkaufszahlen zu gehen. Um das zu schaffen, so heißt es, treibt Cook seine Leute gnadenlos an, triezt sie mit Fragen, schickt sie auch einmal spontan direkt aus einer Sitzung zu einem mehrwöchigen Aufenthalt nach China. Es ist wohl seinem Junggesellendasein zu verdanken, dass von ihm erzählt wird, er bereichere das Leben seiner Mitarbeiter sehr gerne mit Telefonkonferenzen und E-Mails zur Unzeit, fahre dennoch Rad wie ein Wilder – und lebe trotz des vielen Geldes, das er verdient, vergleichsweise bescheiden. Tatsächlich war Cook im Jahr 2010 mit 59 Millionen Dollar der am besten bezahlte Apple-Manager. Nicht von ungefähr zählte Cook auch zu denen, die als Kandidaten auserkoren wurden, als vor ein paar Monaten das Amt des Vorstandsvorsitzenden des IT-Konzerns Hewlett-Packard neu zu besetzen war.

Ob aber Cook der Richtige ist, gerade Apple auch in einer Zeit nach Steve Jobs in die Zukunft zu führen, ist eine andere Frage, die er selbst schon einmal mit Nein beantwortet hat. Wenn er längst schon im Ruhestand sei, sagte Cook einmal, sei Jobs mit grauen Haaren immer noch im Job. Ein unersetzlicher Steve Jobs? Apple ist zu wünschen, dass das nicht wahr ist.

Hier und Jetzt

Microsoft hat sich inzwischen längst mit der Zeit nach Gates arrangiert, und es ist wert, daran zu erinnern, wie Gates inzwischen sein Leben lebt. Dazu taugt eine Begegnung auf dem Weltwirtschaftsforum in Davos besonders gut.

XXXVI. Davos, 1. Februar 2011:

Nomade mit Mission

Bill Gates ist ein Nomade mit einer Mission. Jahrelang zog er um die Welt, um den Menschen die Vorzüge von Computerprogrammen seines Unternehmens nahezubringen. Damit hatte er bei Microsoft einigen Erfolg. Diese Arbeit erledigen inzwischen andere an seiner Stelle. Heute ist Gates mit anderen Anliegen unterwegs, dem Kampf gegen die Kinderlähmung zum Beispiel – und er tut dies mit noch größerer Leidenschaft als früher, als es im Zweifel nur um die nächste Version des Betriebssystems Windows ging und auf der Bühne nicht selten etwas schief lief.

Diese Zeiten sind vorbei. Wenn Gates heute auftritt, klappt alles. Dann kommt zum Beispiel der britische Premierminister David Cameron nach Davos und stellt Spenden für den Kampf gegen die Kinderlähmung in Aussicht. Und am selben Abend fällt es dem Ehepaar Gates nicht schwer, eine illustre Runde von Gästen zusammenzustellen, von denen sich die unscheinbareren mit so überraschenden Worten vorstellen wie: „Ich bin ein Investor, der größte Einzelaktionär von Time Warner."

Dort bedankt sich Gates nur ganz knapp dafür, dass er die Anwesenden in den vergangenen Monaten einmal mehr mit diversen Bitten um Spenden und Unterstützung habe nerven dürfen. Er wisse, wie schwer es Regierungen häufig falle, in Zeiten von Krisen und knappen Finanzmitteln eben gerade nicht die Entwicklungshilfe zu kürzen. Dann bittet er die Bonos, Nicolas Berggruens und Christine Lagardes dieser Welt zum Käsefondue und denkt vermutlich schon an seinen nächsten Auftritt am gestrigen Montag in der Nähe von New York: im geschichtsträchtigen Roosevelt-Haus, dem ehemaligen Wohnsitz von Franklin Delano Roosevelt, in dem sich der zukünftige Präsident einst im Alter von 39 Jahren von einer Polio-Erkrankung erholte. Wenige Stunden zuvor hatte Gates seinen Jahresbrief veröffentlicht, den dritten dieser Art, den er seit seinem Rückzug von der Spitze von Microsoft geschrieben hat. „Die Ärmsten der Welt werden im Gegensatz zu anderen Interessengruppen keine Regierungsspitzen besuchen, um sie von ihrem Anliegen zu überzeugen. Daher möchte ich mich für sie einsetzen, indem ich über Fortschritte berichte ... vielleicht ist es paradox, dass jemand, der so viel Glück hatte, über die Notlage derjenigen berichtet, denen es nicht so geht", heißt es dort.

Dann macht Gates eine Rechnung auf, die Menschen, die so logisch und betriebswirtschaftlich denken wie er selbst, helfen soll, ihre Taschen zu öffnen. Gates möchte helfen, die Kinderlähmung endgültig auszurotten. Er will dafür in den kommenden beiden Jahren die noch fehlenden 720 Millionen Dollar einsammeln. Die Belohnung, die Gates dafür in Aussicht stellt, lässt das Herz eines jeden Betriebswirts höher schlagen: „Durch die eingesparten Behandlungskosten und die wirtschaftliche Produktionskraft eines jeden Erwachsenen, der als Kind nicht an Polio erkrankt ist, würde man in den nächsten Jahren bis zu 50 Milliarden Dollar einsparen." 720 Millionen bringen 50 Milliarden Dollar; das erinnert tatsächlich an die Margen im Softwaregeschäft, mit dem Unterschied, dass es dieses Mal keinen Streit um Nutzen und Nutznießer geben kann. Und Gates führt in seinem Brief noch andere Rechenbeispiele an: Ein Impfung koste lediglich 13 Cent je Dosis. An vielen neuen Impfstoffen gegen Malaria, Aids und Tuberkulose werde gearbeitet. Für jede Sparmaßnahme von 2.000 Dollar in der Entwicklungshilfe sterbe ein Kind. Gates kann man nicht vorwerfen, dass es sein Geld wäre, an dem die Rettung eines Kindes scheiterte: Seine Stiftung ist von ihm und seinem Freund, dem Investor Warren Buffett, mit einem Stiftungskapital von 36,4 Milliarden Dollar ausgestattet worden. Und 58 Milliardäre haben schon die Verpflichtung unterschrieben, den größten Teil ihres Vermögens zu spenden. Auch dieser „giving pledge" ist eine Initiative von Gates.

Hier und Jetzt

Ferner von Microsoft kann man kaum noch sein – aber selbst mit Blick auf Apple deutet inzwischen einiges darauf hin, dass es irgendwann in der Zukunft tatsächlich auch einmal ohne Jobs klappen könnte. Dafür lohnt die Erinnerung an ein Treffen mit Alan Mullally, dem Vorstandsvorsitzenden des amerikanischen Autoherstellers Ford. Der hadert mit der Qualität mancher seiner Händlerbetriebe – und würde am Service gerne viel verbessern. Einen Besuch mit seiner Familie in einem Apple Store kurz vor dem letzten Weihnachtsfest hält er in dieser Hinsicht für vorbildlich. Und er erinnert unbewusst daran, dass Jobs es einmal mehr geschafft hat, eine Krise der globalen Wirtschaft durch immer neue, innovative Produkte völlig unbeschadet zu überstehen. Eine Finanz-und Wirtschaftskrise? Nicht für Apple. Für ein „normales" Unternehmen wie Ford sieht das schon anders aus.

Das Treffen mit Mulally findet übrigens am Rande der Computermesse Cebit in Hannover statt. Auch das ist bezeichnend. Technik geht Mulally an diesem Tag vor Tradition, denn er könnte zur selben Zeit auch in Genf sein, auf dem dortigen Automobilsalon.

XXXVII. Hannover, 3. März 2011:

Der Bordelektroniker – Alan Mulally, Chef von Ford

„I am a car guy, I am a car guy, I am a car guy!" Es gibt Momente, da muss Alan Mulally das dreimal sagen, schnell hintereinander, halb im Spaß und halb im Ernst. Das passiert dann, wenn der Vorstandsvorsitzende von Ford einmal wieder Fachbegriffe aus der Fliegerei mit solchen aus dem Automobilbau verwechselt hat. Das kann schon einmal sein, wenn man 37 Jahre seines Lebens für den Flugzeughersteller Boeing gearbeitet hat: „Ich war an der Entwicklung aller Boeing-Modelle beteiligt, die es derzeit gibt", sagt der 1945 geborene Mulally mit Stolz. Deshalb kann ihm auch heute noch der Begriff „inflight entertainment" herausrutschen, wenn er die Kommunikationssysteme eines modernen Automobils, aber eben keines Flugzeugs meint. Und dann ist es mal wieder Zeit für das dreifach wiederholte Bekenntnis, dass er inzwischen natürlich längst zu einem Autonarren geworden sei.

Ein solcher war Mulally gewiss noch nicht, als er in schweren Zeiten, aber noch vor dem Ausbruch der Finanz- und Wirtschaftskrise von Boeing an die Spitze von Ford wechselte. „Ich wollte eine amerikanische Ikone retten", sagt er, räumt aber auch ein, dass er schockiert war, als er die Prognose für den Verlust des Jahres 2006 sah. Dort sollten 17 Milliarden Dollar minus zu Buche stehen. „Angesichts solcher Zahlen kann einem Unternehmen schnell das Geld ausgehen", sagt er Rande der Cebit in Hannover. Deshalb habe er mit seinem Team schnell vier wichtige Entscheidungen treffen müssen, die die Strategie von Ford bis heute bestimmen: „erstens die Konzentration allein auf die Marke Ford, zweitens das Angebot einer vollständigen Fahrzeugpalette in allen von uns bedienten Märkten, drittens der Anspruch, in Kriterien wie Qualität, Sicherheit und Verbrauch führend zu sein, viertens die Verpflichtung, die Produktion an die tatsächliche Nachfrage anzupassen, also Fabriken zu schließen."

Diesem Programm bleibt Mulally eisern treu. Aber der wichtigste Schritt damals waren drei Tage voller Verhandlungen mit Banken im New Yorker Nobelhotel Waldorf Astoria. Am Ende stand das Ergebnis, dass Ford 23,5 Milliarden Dollar neuen Kredit bekommen würde – und nur damit hat das Unternehmen alle Verwerfungen der Finanzkrise als einziger der drei großen amerikanischen Hersteller überstanden, der nicht Insolvenz anmelden musste: „Das hat uns vor allem in Amerika einen großen Imagegewinn gebracht", sagt Mulally. Zugleich sei es gut gewesen, den größten und wichtigsten Konkurrenten General Motors mit Staatshilfe aufzufangen: „Das habe ich damals gesagt, heute würde ich wieder so entscheiden." Es sei darum gegangen, die gesamte amerikanische Wirtschaft vom Absturz im freien Fall abzuhalten. Das sei gelungen. „Und gut ist auch, dass die Regierungen der Welt noch immer wissen, dass sie ein besonderes Auge auf die Entwicklung der Konjunktur haben müssen." Auch deshalb ist Mulally davon überzeugt, dass die Konjunktur in seiner Heimat ihre langsame Erholung fortsetzen wird. Die Enttäuschung, die die Ford-Zahlen des Schlussquartals 2010 an der Börse gebracht hätten, sei nicht das Ergebnis insgesamt verschlechterter Aussichten gewesen, denn diese hätten sich im Rahmen der vorherigen Prognose bewegt. „Die ist von den Märkten leider ignoriert worden; da müssen wir in diesem Jahren besser aufpassen", sagt Mulally. „Für 2011 haben wir gesagt, dass sich unsere Profitabilität weiter verbessern wird. Und dabei bleibt es auch."

Neben allen Anstrengungen im Rahmen seines Vierpunkteplans treibt Mulally dabei die Verbesserung des Einkaufserlebnisses beim Autohändler um, die in Amerika traditionell „Dealer" genannt werden, was den Eindruck hinterlässt, hier würden Autos verschleudert. Mulally möchte gerne, dass seine Kunden – zum Beispiel in Anlehnung an die Einzelhandelskette des Computerherstellers Apple – künftig eher von einem „Store", also neutral von einem Laden, sprechen, wenn sie zum Ford-Händler gehen. Der Autokauf soll zum Erlebnis werden. Und Mulally weiß, dass es bis dahin häufig noch ein weiter Weg ist.

Seinen Händlern und Verkäufern gibt der Vater von fünf Kindern eine Familienerfahrung aus den Weihnachtsfeiertagen mit auf den Weg von einem Besuch im Apple Store: „Wir hatten einen Termin, wurden ausgesucht freundlich und kompetent beraten, verließen das Geschäft nach 22 Minuten mit Kaufverträgen für drei Computer für insgesamt 3.000 Dollar. Und das Ganze verlief so erfreulich, dass ich im Zweifel auch noch mehr Geld im Laden gelassen hätte." Die Apple-Generation will Mulally auch mit seinem jüngsten Angebot „Ford Sync" erreichen, das mithilfe des Softwarekonzerns Microsoft die unkomplizierte Integration und Sprachsteuerung jeglicher Form von Mobiltelefon, Notebook oder Taschencomputer in die Elektronik eines Autos erlaubt. Die Vorstellung von Ford Sync ist auch der Grund, warum sich Mulally in dieser Woche für einen Besuch in Hannover entschieden hat, obwohl zur selben Zeit der Autosalon in Genf stattfindet. Am liebsten würde Mulally wahrscheinlich sowieso von Bordelektronik sprechen. Aber er ist ja ein „car guy", der inzwischen jeden Tag ein anderes Auto fährt – und zum Vergleich jeden zweiten Tag eines von der Konkurrenz.[6]

Hier und Jetzt

Im Juni 2011 hat Steve Jobs seine Fans aber zunächst enttäuscht. Eigentlich hatten einige zu diesem Zeitpunkt schon mit der Vorstellung der nächsten Generation des liebgewonnenen iPhone gerechnet. Doch immerhin, er erschien trotz Krankheit persönlich auf gleich zwei Bühnen, um zwei Projekte vorzustellen, die ihm für die Zukunft seines Unternehmens offenbar sehr am Herzen liegen.

So stand Anfang Juni zunächst die Vorstellung der „iCloud" auf Jobs' Programm. Die iCloud soll es Nutzern künftig erlauben, Adress- und Maildaten auf den Servern von Apple zu speichern, aber auch ihre Musiksammlungen über das Internet anzuhören. Das bisherige Apple-Modell mit der Online-Plattform iTunes im Mittelpunkt sieht vor, dass Nutzer Musik auf ihre Computerfest-

6 Ford Sync muss allerdings noch einige Kinderkrankheiten auskurieren. In den Vereinigten Staaten, wo es schon länger Modelle mit dem System gibt, sind offebar zu viele Kunden mit der Bedienung überfordert.

platten herunterladen und dann verschiedene Geräte einzeln damit synchronisieren: vom iPod über das iPhone bis zum iPad. Dieser Prozess würde mit dem neuen Angebot von Jobs überflüssig: Stattdessen werden die Musiksammlungen ins Internet, also eben in die Cloud verlagert. Das heißt, die Musik ist in den Rechenzentren von Apple gespeichert, von wo sie per Internetverbindung abgerufen werden kann. Dafür hat Jobs in den vergangenen Monaten ein riesiges neues Rechenzentrum bauen lassen. Denn die Cloud ist nach der Meinung der meisten Fachleute ein fester Bestandteil der Zukunft der Informationstechnologie. Und zu dieser Party kommt Jobs nicht als Erster, wie der nächste Besuch im Valley beweist. Man könnte fast sagen, dass hier ein Lehrer seinen Schülern folgt.

XXXVIII. Sunnyvale, 12. Juni 2011:

Die Cloud zum Anfassen

Ohne große Dieselmotoren läuft im Silicon Valley nichts mehr. Am allerbesten läuft es aber, wenn die grünen Dieselmaschinen des amerikanischen Herstellers Cummins gar nicht laufen. Denn wenn die Hightechregion der Welt auf Dieselbetrieb umschaltet, droht etwas heiß zu laufen – und damit sind nicht die schweren Dieselaggregate hinter den Stahltüren gemeint, die einer der Chefs der Rechenzentren von Netapp, eines führenden amerikanischen Herstellers von Speicherrechnern, soeben geöffnet hat: „Die haben wir noch nie gebraucht", sagt er mit Blick auf die blitzblanken Aggregate in der Größe eines Schiffsdiesels. „Aber wir müssen sie im besten technischen Zustand halten. Wenn es darauf ankommt, müssen sie sofort anspringen."

Denn wenn die Technik aus dem vergangenen Jahrhundert, also der (Diesel-)Motor der traditionellen Industrie, gebraucht würde, dann wäre bei Netapp die normale Stromversorgung für die hauseigenen, hochmodernen Rechenzentren des 21. Jahrhunderts gerade zusammengebrochen – und schneller Ersatz müsste her, vorübergehend mit Dieselantrieb. Der muss dann die aufwendige Kühlung der zahlreichen Speicher- und Netzwerkrechner (Server) aufrechterhalten. Die sind in den sogenannten „Racks" untergebracht, die hier bei Netapp in der kalifornischen Valley-Gemeinde Sunnyvale, aber eben auch an immer mehr anderen Orten in Kleiderschrankgröße und in langer Reihe nebeneinander stehen, um die stetig wachsende digitale Datenmenge der Welt dezentral – und damit künftig möglichst auch energieeffizienter – zu speichern.

Für das, was in den eigentlich langweiligen Rechenzentren passiert, gibt es einen Begriff, der in der Welt der Informationstechnologie (IT) seit knapp zwei Jahren immer schneller die Runde macht: Denn die Diesel halten im Notfall die „Cloud" am Leben. Und kein Geringerer als der Apple-Mitbegründer und Vorstandsvorsitzende Steve Jobs hat der Cloud auf großer Bühne in dieser

Woche seinen magischen Werbebuchstaben „i" vorangestellt. Damit wird die Cloud begrifflich auf eine Stufe mit den Massenphänomenen iPod, iPhone und iPad gehoben. Mit Jobs' neuer iCloud dürfte der Fachbegriff, der bisher nur Computerfans alter Schule elektrisieren konnte, in den kommenden Monaten im Bewusstsein breiter Bevölkerungsschichten ankommen. Prompt ließ auch Jobs hinter sich große Bilder des Rechenzentrums projizieren, das eigens für rund 1 Milliarde Dollar in North Carolina für die Aufnahme der Apple-Datenwolke gebaut worden ist. Wenn im Herbst alles läuft, dann legt auch Apple die Musik, die man bisher auf seinem eigenen Personalcomputer hüten musste, in die Cloud, die E-Mails, die man über sein Telefon verschickt, die Kontrakte, die dort gespeichert sind, die Fotos – und vieles, vieles mehr. Das kann und wird dann sogleich mit den übrigen elektronischen Geräten von Apple synchronisiert werden, die der Mensch in stetig steigender Zahl bei sich trägt – und natürlich auch noch mit dem Personalcomputer daheim, der aber zunehmend ein Nischendasein fristet. „Wir reduzieren den Personalcomputer auf die Rolle, nur noch ein Gerät unter anderen zu sein." So hat es Jobs in seiner Präsentation zu Beginn der Woche beschrieben, in San Francisco, keine Fahrstunde von den grünen Dieselaggregaten in Sunnyvale entfernt.

Damit springt Apple – verspätet und beinahe wie ein Lehrer, der seinen Schülern folgt – auf einen Zug auf, den andere längst auf die Reise geschickt haben. Andere, das sind Wettbewerber wie die Internetkonzerne Google und Amazon, aber auch klassische IT-Anbieter wie IBM, Hewlett-Packard, Microsoft oder in Deutschland zum Beispiel T-Systems. Die setzen sich schon seit einiger Zeit mit den IT-Abteilungen ihrer Unternehmenskunden darüber auseinander, wie sicher die Daten in der Cloud sind. Und sie beschäftigen sich mit der Frage, für welche Anwendungen und Programme in einem Unternehmen das Angebot der dezentralen Datenspeicherung und -verarbeitung überhaupt infrage kommt. Denn manchmal gehen in der Cloud mitsamt ihrer Zugangstechnik auf der Basis von Internetstandards auch Daten verloren. Amazon ist das jüngst passiert. Aber seit der Ankündigung von Jobs redet darüber schon wieder keiner mehr.

In der Kantine von Netapp hingegen warten an diesem Tag Gesprächspartner, die ein Gefühl dafür vermitteln können, warum Datenpannen wie die von Amazon den Weg der Computerwelt hin zur jetzt wieder vermehrt dezentralen Datenverarbeitung kaum aufhalten werden. Bei den Gesprächspartnern handelt es sich, leider noch immer ganz ungewöhnlich für die Welt der IT, um zwei Frauen: Sharon Blanton und Tracy Pirkle. Sie arbeiten für kein Unternehmen. Sie wohnen auch nicht im Valley. Blanton und Pirkle sind vielmehr für die Computer und deren Betrieb in einem der größten Schulbezirke des amerikanischen Bundesstaats Ohio verantwortlich, für den Oak Hills Local School District in Western Hamilton County.

In den zugehörigen Schulen werden 8.100 Schüler unterrichtet. Blanton und Pirkle sind dabei mit Schwierigkeiten konfrontiert, die jedem IT-Verantwortlichen auf der Welt bekannt vorkommen, nicht zuletzt in Unternehmen. Sie zählen die Gründe auf, die derzeit den Umbau zu Cloud-Infrastrukturen antreiben, ob innerhalb („private Cloud") oder außerhalb („public Cloud") der hauseigenen IT eines Unternehmens. Denn die Budgets für den Betrieb von Computer-Infrastrukturen sinken. Die Schüler beziehungsweise die Mitarbeiter sind stets mit moderneren Computern ausgerüstet, als die Schule oder das Unternehmen sie bereitstellen kann oder will. Die Nutzer sind daran interessiert, möglichst schnell die neusten Gerätetypen wie zum Beispiel Tabletcomputer oder internetfähige Mobiltelefone in ihren (Schul-)Alltag einzubinden. Kurzum: Privat-, nicht Geschäftskunden treiben derzeit den Innovationszyklus in der IT an. Gefragt ist deshalb mehr Flexibilität für weniger Geld.

Der Oak Hills School District hat sich entschieden, aus dieser Not eine Tugend zu machen. Anstatt selbst eine große Zahl neuer Computer anzuschaffen, dürfen die Schülerinnen und Schüler nun ihre eigenen Geräte mit in die Schule bringen und dort einsetzen. Das gilt für Laptops, für Tabletcomputer oder iPhones gleichermaßen. Über die Geräte bekommen sie Zugang zu einem „virtuellen Computer", den ihnen ihr Schulbezirk in einem, wenn man so will, eigenen kleinen Rechenzentrum bereitstellt. „Virtuell" heißt, dass sich im Internetzugangsprogramm (dem Browser) des jeweiligen Schülers eine Arbeitsoberfläche öffnen lässt, die den Nutzern alle Programme zugänglich macht, die für die Arbeit an der Schule gebraucht werden. „Wir haben nun die Möglichkeit, jedem unserer Schüler einen virtuellen Computer zur Verfügung zu stellen“, berichtet Blanton. Das ist kein geringer Fortschritt. Die neuesten „normalen“ Computer, die die Schule danach noch selbst angeschafft hat, mussten längst nicht mehr so leistungsfähig sein wie ursprünglich geplant. Die Anschaffungskosten fielen von 1.200 auf 450 Dollar je Stück. Es müssen zudem weniger Geräte mit einem geringeren Aufwand gewartet werden, neue Programme (Updates) können in kürzester Zeit auf die virtuellen Computer verteilt werden. „In der Summe spart das den Schulbezirk innerhalb von drei Jahren knapp 1,3 Millionen Dollar“, sagt Pirkle.

Das Angebot enthält alle Elemente moderner IT-Infrastrukturen, die auch für die Cloud nötig sind. Es setzt in diesem Fall auf Technik des Netzwerkausrüsters Cisco, des Softwarespezialisten VM Ware und von Netapp. Nach den Worten von Blanton und Pirkle ist die Konstruktion dazu in der Lage, eine Vielzahl von Speicherzugriffen in Stoßzeiten reibungslos abzuwickeln. Die Schüler sind begeistert und haben Teile des neuen Angebots schon genutzt, bevor davon offiziell überhaupt berichtet worden war. Das können sie nun, ebenfalls anders als früher, rund um die Uhr und an allen Tagen der Woche tun. „Das war schon einmal sehr hilfreich, als die Schüler wegen eines Schneesturms nicht in die Schule kommen konnten“, sagt Blanton. Denn an jenem Tag konnten sie sich über ihre Geräte daheim an ihren virtuellen Computerarbeitsplätzen an der Schule anmelden und so einfach weiterlernen.

Blanton und Pirkle räumen zwar ein, dass noch nicht alle Lehrer die neuen Möglichkeiten nutzen, doch sprächen sich die Vorteile, auch dank des Einsatzes besonders engagierter Lehrerkollegen, schnell herum. Und mit Blick auf die Sicherheit habe es auch noch keine Schwierigkeiten gegeben. „Das Wissen eines Schülers, der unsere Systeme hacken wollte, setzen wir nun ein, um eventuelle Sicherheitslücken zu finden“, berichten die beiden – das sei doch viel sinnvoller als eine Strafe.

So pragmatisch nähern sich amerikanische Schulen den Möglichkeiten der neuen Technik. Die Schüler treiben die Lehrer an – und umgekehrt. So bekommen Blanton und Pirkle kurz nach dem Kantinengespräch eine E-Mail, die sie zu ihrer Reise nach Kalifornien beglückwünscht: „Wow, jetzt seid ihr nur noch ein paar Meilen vom Mutterschiff entfernt", ist darin zu lesen. Das Mutterschiff – damit ist die Zentrale von Apple in Cupertino, einer Nachbargemeinde von Sunnyvale, gemeint. Und dort will Steve Jobs gerade ein neues Mutterschiff bauen, das seinem Namen alle Ehre macht. In der neuen, kreisrunden Unternehmenszentrale sollen im Jahr 2015 bis zu 12.000 Mitarbeiter arbeiten. Ganz gewiss ist bei den Planungen der künftige Erfolg der iCloud schon berücksichtigt.

Und hoffentlich müssen die Diesel in den Rechenzentren der Welt bis dahin auch weiterhin nur selten anspringen. Denn ein Datenverlust darf auch in der Cloud nicht passieren, höchstens dann, wenn die auf den Rechnern gespeicherten Schulnoten zu schlecht sind.

Hier und Jetzt

Teile des Geländes, auf dem der 60 Hektar große, neue Apple-Campus entstehen soll, hat Jobs dem Computerhersteller Hewlett-Packard abgekauft, der dort bis zum kommenden Jahr ausziehen will. Um seine Pläne vorzustellen, bemühte sich Jobs unmittelbar nach der iCloud-Vorstellung in den Stadtrat von Cupertino. Dort verhielten sich die Abgeordneten wie Kinder, die auf Geschenke unter dem Weihnachtsbaum starren: Der Stadtverordnete Orrin Mahoney sagte zu Jobs: „Das Wort spektakulär wäre eine Untertreibung." Das geplante Gebäude sei eindeutig die eleganteste Firmenzentrale in den Vereinigten Staaten, die er bisher gesehen habe. Nichts anderes als das erwartet die Welt von Jobs. Es wird ihm gefallen.

Der Apple-Chef verspricht dem Ort mit weniger als 60.000 Einwohnern einen spektakulären Bau. „Es sieht aus, als ob ein Raumschiff gelandet ist", sagte er mit etwas heiserer Stimme. Es soll ein ringförmiges Gebäude werden. In der Kantine können bis zu 3.000 Menschen zugleich essen. Jobs sagte, er wolle eine einzelne große Konstruktion aus einem Guss (so wie bei manchen seiner Computer) – und keinen langweiligen Büropark, wie es sie gerade auch im Silicon Valley schon zu Hunderten gibt. Der neuen Campus soll von Grünflächen dominiert werden; Jobs verspricht nicht weniger als 6.000 Bäume. Nur 20 Prozent der gesamten Fläche soll bebaut werden, deshalb parken die Autos unter der Erde. Der jetzige Apple-Campus (mit der schon legendären, aus der Sprachwelt der Programmierer stammenden Adresse „1 Infinite Loop") ist jedenfalls viel zu klein geworden.

Doch nicht nur die Konzernzentrale von Apple strebt in diesen Tagen zu neuen Ufern, auch der Mann, der die Apple Stores durch ihr Erscheinungsbild zu dem gemacht hat, was sie heute sind: Der Chef des Einzelhandelsgeschäfts von Apple wird Vorstandsvorsitzender – und soll nun einen alteingesessenen Einzelhandelskonzern auf Vordermann bringen.

XXXIX. Frankfurt, 16. Juni 2011:

Von Apple zu J. C. Penney

Der für die Apple-Computerläden zuständige Manager Ron Johnson wird Chef der Warenhauskette J. C. Penney. Johnson werde zum 1. November die Geschäfte von Myron Ullman übernehmen, wie Penney am Dienstag mitteilte. Ullman soll in den Verwaltungsrat des Unternehmens wechseln. Der Apple-Manager Johnson kam im Januar 2000 von der Discountkette Target in den Konzern von Steve Jobs und eröffnete in seiner Zeit als Einzelhandelschef 300 Läden, in denen das Unternehmen seine Computer, Telefone und Tabletcomputer direkt an Verbraucher verkauft. Penney-Aktionäre reagierten auf die Personalie begeistert: Die Papiere wurden mit einem Aufschlag von mehr als 17 Prozent gehandelt.

Denn Johnson hat bei Apple bewiesen, wie erfolgreich man im sogenannten stationären Einzelhandel (also in klassischen Filialen) auch in Zeiten des boomenden Online-Handels sein kann. Wer in einen Apple-Laden kommt, soll sich dort schnell zurechtfinden, freundlich begrüßt und beraten werden. Die Verkäufer sollen nicht aufdringlich, sondern kompetent und hilfsbereit sein. Bei Apple hat das trotz der schnellen Expansion gut funktioniert.

Die Inneneinrichtung trägt zum Einkaufsergebnis bei: helles Holz, Marmor, Glas, Stahl. Immer dort, wo sich in Einkaufszentren oder Innenstädten eine möglichst hohe Kundenfrequenz erreichen lässt. Apple Stores sind das Gegenteil des klassischen Computerladens, in denen sich nur Kenner wagen. Die Läden sind Treffpunkte, wo sich Opas, Omas, Mamas, Papas und die Kinder über alle Fragen rund um die Apple-Computer und -Handywelt informieren und austauschen können. Dabei geht es nicht nur darum, dass die Läden profitabel sind. Sie sind ein entscheidendes Element der Markenstrategie von Apple, es geht längst nicht mehr nur um die Kontrolle von Hard- und Software, sondern auch um die Qualitätssicherung der Beratung und Präsentation beim Verkauf. (Wer mag, sollte in dieser Hinsicht einmal die Parallelen zu den Anstrengungen der Modemarke Boss beim Aufbau eigener

Geschäft betrachten, sie sind frappierend). Aber die Zahlen stimmen natürlich auch: Im vergangenen Geschäftsjahr setzten allein die Apple Stores 10 Milliarden Dollar um.

Johnsons Wechsel zum drittgrößten Warenhauskonzern der Vereinigten Staaten ist, jedenfalls für Außenstehende, eine Überraschung. Eine Rolle bei der Entscheidung mag gespielt haben, dass die Chancen Johnsons, einmal Jobs nachzufolgen, nahe null waren. Er selbst sagt: „Es war mein Lebenstraum, eines Tages ein großes Einzelhandelsunternehmen zu führen. Ich will die Art verändern, wie Amerika shoppen geht."

Derzeit spürt aber auch J. C. Penney, dass die Amerikaner wegen der konjunkturellen Abkühlung und des Versuchs, ihre hohe private Verschuldung in den Griff zu bekommen, sehr viel vorsichtiger sind als früher. J. C. Penny verkauft Dinge, die es bei anderen Händlern auch zu kaufen gibt. Es kommt also alles – und noch viel mehr als bei Apple – auf Beratung, Service, Preis und Präsentation an. Das aber gilt es, in rund 1.000 schon bestehenden Filialen umzusetzen. Von Grund auf neu anzufangen, so wie bei Apple, wird hier schwierig.

Der bisherige Chef von J. C. Penney, Ullmann, soll schon lange versucht haben, Johnson abzuwerben. Nun will er Johnson kaufmännisch den Rücken freihalten, damit der sich auf das Kreative konzentrieren kann. Johnson selbst will der Börse zeigen, dass er vom Erfolg seiner Mission überzeugt ist. Er hat 50 Millionen Dollar in J. C. Penney-Aktien investiert. Und er erhält Vorzugsrechte auf mehr als sieben Millionen Aktien des Handelskonzerns.

Hier und Jetzt

Johnsons Abgang schmerzt Apple, bietet aber einmal mehr Anschauungsunterricht zu der Frage, wie sehr Apple inzwischen zahlreiche andere Unternehmen in völlig fremden Branchen beeinflusst, so wie eben auch Starbucks und Ford.

Kurz nach dem Auftritt von Jobs vor dem Stadtrat in Cupertino gibt es eine Nachricht, die ein Schlaglicht auf ein weiteres, hier bisher nur am Rande erwähntes Erfolgsrezept von Jobs wirft: Die Geheimniskrämerei über neue Produkte. Sie sorgt im Vorfeld von Neuvorstellungen für viel kostenlose Werbung durch Spekulationen – und danach für noch mehr Werbung durch die Sensationsberichterstattung über die Einführung an sich. Das Verführerische daran: Wenn man vorher etwas weiß und ausplaudert, kann das sehr gewinnträchtig sein. Es ist aber auch gefährlich.

XL. New York, 7. Juli 2011:

Ein Apple-Insider erklärt sich schuldig

Ein früherer Mitarbeiter eines Zulieferers von Apple hat in einer Affäre um Insider-Handel ein Schuldeingeständnis abgelegt. Walter Shimoon hat vor einem Gericht in New York zugegeben, geheime Informationen über Produkte von Apple an Hedgefonds und andere Investoren gegeben zu haben, als er beim in Singapur ansässigen Apple-Auftragsfertiger Flextronics arbeitete. Einschließlich Shimoon haben schon zwölf Personen Geständnisse abgelegt, zahlreiche weitere Ermittlungen laufen noch. Shimoon hat sich unter anderem des Wertpapierbetrugs für schuldig erklärt, und er sieht sich nun einer möglichen Gefängnisstrafe von 30 Jahren gegenüber. Shimoon hat zugegeben, dass er 200 Dollar je Stunde damit verdient hat, Informationen an Hedgefonds weiterzugeben. Unter anderem soll er Details über das iPhone 4 verraten haben, bevor es im vergangenen Jahr vorgestellt wurde.

Er soll aber auch auf die Entwicklung eines neuen Produkts hingewiesen haben, das sich schließlich als der Tabletcomputer iPad herausstellte. Und das war durchaus eine gewichtige Information, die aus dem Hause Apple selbst niemand weitergeleitet hätte – der Bannstrahl von Jobs' wäre allzu fürchterlich gewesen.

Hier und Jetzt

Im Sommer 2011 zeigt sich zudem, wie schnell sich in der Informationstechnologie Allianzen bilden und verändern können – und welche Macht Steve Jobs mit Apple dabei inzwischen hat: Denn zu diesem Zeitpunkt hat Google das Rennen, das um den Patentschatz des bankrotten Telekomausrüsters Nortel entbrannt war, verloren. Stattdessen kam ein Konsortium aus sechs Technologiekonzernen, darunter Apple, und man höre und staune, Microsoft und Sony, für insgesamt 4,5 Milliarden Dollar zum

Zuge. Google wollte mit den Patenten sein Mobilfunksystem Android vor Klagen schützen. Bei den rund 6.000 Patenten und Patentanträgen geht es um wichtige Technologien für den Mobilfunk und drahtlose WLAN-Netze, aber auch für die Internetsuche oder Online-Netzwerke. Es sind die Schauplätze, auf denen über die Dominanz auf den wichtigsten Märkten unserer digitalen Zukunft entschieden wird. Und auf diesen Märkten wird ein Aspekt immer wichtiger: die Computersicherheit.

XLI. Cupertino, 24. August 2011:

Steve Jobs tritt zurück

Die Worte klingen nach Abschied: „Ich habe immer gesagt, sollte jemals der Tag kommen, an dem ich nicht länger meine Aufgaben und Erwartungen als Vorstandsvorsitzender von Apple erfüllen kann, ich der Erste wäre, der euch das wissen lässt. Leider ist dieser Tag gekommen. Ich trete hiermit als Vorstandsvorsitzender von Apple zurück. ... Ich glaube, dass die besten und innovativsten Tage noch vor Apple liegen. ...“ So geht Steve Jobs. Und die Welt fragt sich: Was wird jetzt aus Apple? Die Börse jedenfalls ist am Tag danach nicht schockiert. Die Anleger haben in den vergangenen Monaten erlebt, dass Jobs’ Nachfolger Tim Cook in der Lage ist, die Geschäfte von Apple zu führen. Außerdem traut es sich Jobs gesundheitlich immerhin noch zu, an der Spitze des Verwaltungsrats des von ihm mitgegründeten Unternehmens zu stehen. So ist es tatsächlich ein Abschied, aber noch ist er nicht endgültig, er vollzieht sich schon seit Jahren, Schritt für Schritt.

Inzwischen hat Jobs mit Apple geradezu eine Schneise durch die Welt der Informationstechnologie geschlagen. Der Tabletcomputer iPad zum Beispiel ist in seinem Marktsegment so dominant, dass ein IT-Schwergewicht wie Hewlett-Packard sein Konkurrenzprodukt soeben wieder eingestellt hat. Es ist die kürzeste Lebensdauer, das selbst in dieser schnelllebigen Branche jemals ein Produkt hatte, nämlich kaum mehr als 40 Tage. Und weil sich mit dem iPad sogleich der ganze Markt für Personalcomputer verschoben zu haben scheint, hat Hewlett-Packard im selben Atemzug sein gesamtes PC-Geschäft zur Disposition gestellt. Das Unternehmen ist der Marktführer in diesem Segment.

Es wird für Jobs’ Nachfolger aber sehr schwer werden, ihren Erfolg über viele Jahre hinweg abzusichern, sollten sie sich zu lange allein auf die Verbesserung bestehender Produktlinien verlegen. Die große Frage wird daher sein, ob Apple in der Zeit nach Steve Jobs in völlig neue Märkte vordringt. Schon ist zu hören, dass die deutsche Autoindustrie gespannt auf die gut gefüllte Kasse des

Unternehmens aus Cupertino schaut und sich fragt, ob Apple auf dem Weg einer Übernahme möglicherweise bald in die Welt der Elektromobilität einsteigt. In einer Zeit, in der etablierte Autohersteller für die jüngere Generation manches Designelement im Cockpit neuer Autos an Apple anlehnen, erscheint der Gedanke nicht abwegig, dass die Kultmarke aus Kalifornien einen solchen Schritt aushalten könnte. Von Apple wird noch viel zu hören sein, ob mit oder ohne Steve Jobs.

Hier und Jetzt

So oder so: Der Erfolg macht auch für Apple das Leben komplizierter. Aus dem David von einst ist ein Goliath geworden. Deshalb verschärft sich auch der Kampf der Silicon-Valley-Nachbarn und IT-Giganten Google und Apple: Ebenfalls im August 2011 hat Google bekannt gegeben, für 12,5 Milliarden Dollar den inzwischen eigentlich unbedeutenden Handy- und Tabletcomputer-Hersteller Motorola kaufen zu wollen. Der wichtigste Grund für den Kauf ist, dass Motorola 17.000 Mobilfunkpatente besitzt, die Google gerade nach der Niederlage im Bieterwettkampf um die Nortel-Patente dringend braucht, um sein Android-Betriebssystem zu verteidigen.

Und ein paar Tage vor seinem Rücktritt wird Jobs auch noch zur Kenntnis genommen haben, dass sein Unternehmen vorübergehend zur wertvollsten amerikanischen Aktiengesellschaft geworden ist – und an dieser Stelle den Erdölkonzern Exxon-Mobil verdrängen konnte. Apple schloss eines Wall-Street-Tages mit einer Marktkapitalisierung von rund 337 Milliarden Dollar, auf Seiten von Exxon waren „nur“ 331 Milliarden vorzuweisen. Das sollte sich im August 2011 zwar auch schnell wieder ändern. Aber viele Fachleute können sich vorstellen, dass Apple den Platz auch über eine längere Zeitspanne hinweg erobern und verteidigen könnte.

Denn Apple ist überall.

Ausblick: Mit Steve Jobs zurück in die Zukunft

Ist Apple überall? Nein, denn Moore's Law, die faszinierende Beobachtung, dass sich die Zahl der Transistoren, die auf eine gegebene Fläche Silizium passt, alle 18 bis 24 Monate verdoppelt, ist weiterhin gültig. Und freie sowie festangestellte Programmierer arbeiten jeden Tag an Ideen für neue Software. Dann entsteht zum Beispiel eine Datenbank, die Marktführern wie Oracle Kopfzerbrechen bereitet. Dann entwickelt sich ein Internet-Browser, der das einstige Standardprodukt von Microsoft, den „Explorer", entbehrlich erscheinen lässt. So wird es bleiben, auch wenn Steve Jobs noch lange seine designverliebte, minimalistisch-anziehende Schaffenskraft entfaltet und die Welt mit seinen iPhones und iPads zu dominieren scheint.

Hinzu kommt, dass wohl keine Branche unter einem derartigen Innovationsdruck wie die Informationstechnologie steht. Es handelt sich noch immer um die Branche, in der nur die Paranoiden überleben, wie es der frühere Vorstandsvorsitzende des Chipherstellers Intel, Andy Grove, einmal treffend formuliert hat. Das ist gut. Denn damit gehen immer neue Möglichkeiten einher, nicht zuletzt neue Chancen für Unternehmensgründer, manchmal ganz profan in der nächsten Garage. Das war bei Bill Gates von Microsoft so, bei Steve Jobs von Apple, aber auch bei vielen erfolgreichen IT-Unternehmen zuvor und, wichtiger noch, danach. Man muss sich deshalb auch gar keine Sorgen darüber machen, ob Apple auch künftig noch durch Wettbewerber in Schach gehalten wird. Denn dafür sorgt ein so wettbewerbsintensiver Markt wie dieser von ganz allein. So hat sich auch Microsoft längst damit abgefunden, dass es neben Windows auch noch andere Betriebssysteme im Computeralltag gibt, zum Beispiel das lizenzgebührenfreie Linux und natürlich auch OS X von Apple. Selbst das wird in der weit entfernten Zukunft so bleiben. Apples Betriebssystem wird niemals das von Microsoft ablösen – und umgekehrt gilt das ebenfalls.

Online-Suchmaschinen wie Google stehen in der Blüte ihres Lebens, doch muss auch der Riese Google jeden Tag um seine Marktstellung kämpfen. Und selbst Yahoo ist noch nicht tot. Soziale Netzwerke wie Facebook wiederum stehen erst am Anfang ihrer Entwicklung. Und stetig kommen neue Online-Angebote für moderne Menschen (wie zum Beispiel jüngst Google+) hinzu. Andere hingegen sterben. So ist die IT, sie ist so unübersichtlich und wechselhaft wie das Leben. Daran kann selbst ein Steve Jobs, zum Glück, nichts ändern.

Was heißt das für Deutschland? Wo es so viele Chancen gibt, ist es sehr schade, dass es das deutsche Bildungssystem noch immer nicht geschafft hat, den Mangel an IT-Fachkräften zu lindern. 16.500 Informatiker-Stellen sind unbesetzt. Drei Viertel der Deutschen warten auf einen Breitbandanschluss zum Internet, der moderne Internetanwendungen erst möglich macht. Und natürlich gibt es in Deutschland auch viel weniger Risikokapital als im Heimatland des Silicon Valley: Neugegründeten Unternehmen stehen in den Vereinigten Staaten rund 30 Milliarden Dollar zur Verfügung. In Deutschland dürfte die Summe deutlich unter 1 Milliarde Euro liegen. Der Vergleich sagt auch viel über die Effizienz staatlicher Subventionen zur Entwicklung neuer Technologien aus: Denn was bringt es angesichts solcher riesigen Unterschiede, wenn der Staat eine weitere Milliarde Euro zum Beispiel zur Entwicklung der Technik für Elektroautos ausgibt?

Aber auch manche Unternehmen sehen neue Entwicklungen auf dem Gebiet der IT noch immer eher als Bedrohung denn als Chance. Nicht selten wird in etablierten Strukturen ein Kampf gegen die Innovation geführt. Angst geht um: Erfolge in der Vergangenheit, von denen es gerade in Deutschland genügend gibt, können so zum größten Feind der Innovation werden. Welches Unternehmen ist schon dazu bereit, eine Innovationsjagd auf sich selbst zu eröffnen? Will man sie eröffnen, ist es jedenfalls unklug, immer nur die angepassten Mitarbeiter zu befördern. Dann sollte auch Widerspruch goutiert werden.

Denn neue Ideen für die Wirtschaft wären wichtig. Schließlich schreitet die Globalisierung ebenso voran wie der demografische

Wandel; Megastädte entstehen, mehr und mehr Waren werden über das Internet vertrieben. Menschen tauschen vor einem Kauf im Netz immer häufiger Meinungen über Produkte aus. Aber nicht wenige deutsche Unternehmen, auch solche, die mit ihren Aktien in der Börsen-Bundesliga Dax vertreten sind, haben noch immer keine Ahnung, wie sie diese „Social-Media"-Kanäle im Netz überhaupt bedienen sollen. Dabei bietet sich hier ein Kontakt zum Kunden, wie er bisher kaum vorstellbar war. Sie könnten eine Quelle der Inspiration sein, stärker jedenfalls als jedes Gremium zur Beratung von Politikern. Denn kein Politiker wird es schaffen, das nächste Apple, Google, Microsoft oder Facebook anzustoßen. Ihnen sollte es darum gehen, gesellschaftliche Werte zu vermitteln, welche Innovationslust belohnen – und das nicht nur im Zusammenhang mit „politisch korrekten" Themen wie dem Klimawandel oder umweltfreundlichen Technologien. Weil man nicht weiß, was die Zukunft bringt, darf man auch die Forschung zum Beispiel in der Atomphysik oder der chemischen Schädlingsbekämpfung nicht verteufeln. Das gilt bis hin zum Militär: Es gibt Fachleute, die sicher sind, dass das Silicon Valley ohne die dort konzentrierten Forschungsausgaben des Militärs nie zu seiner heutigen Bedeutung gekommen wäre. Jetzt kommt von dort die Technik, die die Welt transparenter und vielleicht auch demokratischer macht.

Im Umfeld von Universitäten darf und muss der Staat also alles tun, um Ausgründungen und Unternehmertum zu fördern. Wenn auf die Frage, welcher Student es sich vorstellen könne, in die Selbstständigkeit zu gehen, in einem großen Hörsaal nur drei oder vier Hände nach oben schnellen, ist das der größte Feind der Innovation. Um diese Haltung zu ändern, braucht man aber keine Milliardensubventionen, sondern ein universitätsnahes Umfeld, das den Wechsel in die Selbstständigkeit erleichtert und nicht bestraft.

Denn häufig entstehen die besten Ideen in kleineren Strukturen, eben so wie bei der Gründung von Apple. Diesen Neugründungen darf dann aber nicht zu schnell der finanzielle Atem abgeschnürt werden. Denn es ist in der Wirtschaft ein häufiges Phänomen, dass über bestimmte Dinge lange diskutiert wird, bevor man sie im Alltag spürt. Das gilt für die Auswirkungen technischer Innovationen ebenso wie für manche wirtschafts- und gesellschaftspolitische Entwicklung. Im Fall des Internets hat es rund zehn Jahre gedauert, bis die Versprechungen, die den Menschen 2001 kurz vor dem Platzen der Technologieblase an den Aktienbörsen gemacht wurden, tatsächlich eingetreten sind.

Jetzt aber ergeben sich daraus Chancen zuhauf: Denn inzwischen ist die Wirtschaftswelt – nicht zuletzt mit der Hilfe der Produkte von Steve Jobs – im wahrsten Sinne des Wortes vernetzt. Es wird nicht mehr lange dauern, bis die vielen hochleistungsfähigen mobilen Telefone und Tabletcomputer den entsprechenden Geräten unserer Freunde (und hoffentlich nicht der Feinde) automatisch mitteilen, wo man sich gerade aufhält. Darauf aufbauende Geschäfte müssen und werden nicht alle bei Google oder Facebook und auch nicht ausschließlich bei amerikanischen Unternehmen landen. Sicher ist bisher nur, dass die digitale Welt nun tatsächlich zum viel strapazierten „globalen Dorf" führt, das in einem begrifflichen Zusammenhang mit der Globalisierung als solcher steht.

Auch über den Begriff und den Vorgang der Globalisierung reden die Menschen schon lange: Den wirtschaftspolitischen Terminus der Globalisierung prägte Theodore Levitt, ein deutscher Emigrant und Professor an der Harvard Business School, 1983 mit dem Artikel „The Globalization of Markets". Im Jahr 1961 tauchte das Wort „Globalization" erstmals in einem englischsprachigen Lexikon auf, gewiss nicht ganz ohne Zusammenhang mit der Erfindung des Seefrachtcontainers 1956, der nach und nach zu einer Revolution und erheblichen Beschleunigung des weltumspannenden Warentransports führen sollte. Danach wuchs eine ganze Generation mit Waren „made in Hongkong" auf. Und längst ist dieser Aufdruck durch viele andere ferne Länder, nicht zuletzt durch Hongkongs Mutterland China ersetzt worden. In der Kombination mit den Datencontainern, die von den Netzwerkrechnern heute um die Welt gejagt werden und für effizienten Informationsaustausch im Internet sorgen, steht die Menschheit nun tatsächlich vor einer weiteren großen Veränderung: Die Globalisierung tritt in eine neue Entwicklungsstufe, die Fachleute, geprägt durch den amerikanischen Journalisten Thomas L. Friedman und sein Buch „The World is Flat“, ebenfalls schon einige Zeit „Globalisierung 3.0“ nennen. Aber Friedman war mit seiner Bestandsaufnahme im Jahr 2000, angetrieben vom damaligen Internethype, ebenfalls zehn Jahre zu früh dran.

Erst jetzt ist es wirklich so weit. Die derzeitige Phase der Globalisierung wird nicht mehr von Europa oder Amerika angetrieben. Vielmehr sind an ihr Individuen auf allen Kontinenten beteiligt. Die Computer-zu-Computer- und damit auch Mensch-zu-Mensch-Netze haben die Welt nun wirklich „flach“ gemacht. Die Finanz- und Wirtschaftskrise hat die Dinge zuletzt beschleunigt: Die Weltbank hat ausgerechnet, dass das Wachstum der Volkswirtschaften mit unterdurchschnittlichem oder mittlerem Volkseinkommen, allen voran China und Indien, im vergangenen Jahr beinahe die Hälfte zum Wachstum der Weltwirtschaft beigesteuert hat.

Auch das lässt sich am Beispiel von Apple sehr einprägsam verdeutlichen. Jüngst haben amerikanische Wissenschaftler ausgerechnet, dass allein der iPod (also mit einer einzigen Innovation!) bis zum Jahr 2006 insgesamt 13.920 Stellen in den Vereinigten Staaten geschaffen hat – und sogar 27.250 im Ausland, vor allem in China[7]. Das ist für eine Exportnation wie Deutschland, die in diesem Konzert mit Amerika, China und Japan immer noch ganz vorne mitspielt, eine gute Nachricht. Denn im Zweifel liefern deutsche Unternehmen die Maschinen, die für die Produktion in aller Welt nötig sind.

Doch wird diese Entwicklung zu einer durch einen möglichst freien Welthandel noch wohlhabenderen und hoffentlich auch nachhaltiger wirtschaftenden Welt nicht ohne Brüche funktionieren. Auf dem Weg in eine gute Zukunft für die globalisierte Welt gilt es nun, hohe Inflationsraten zu vermeiden, Systeme zu finden, mit denen man schnell auf die Entstehung einer nächsten großen Finanzkrise reagieren kann, oder auch die wieder zahlreicheren Hungernden mit bezahlbaren Lebensmitteln zu versorgen. Die

7 Greg Linden, Jason Dedrick and Kenneth L. Kraemer, „Innovation and Job Creation in a Global Economy: The Case of Apple's iPod“, The Journal of International Commerce and Economics, Juni 2011

interessante Wendung der Globalisierung 3.0 ist, dass Erfolge in dieser Hinsicht immer weniger den Weltmächten zugetraut werden, die die Geschicke auf dem Planeten in den vergangenen hundert oder zweihundert Jahren bestimmt haben. Vielmehr müssen zum Beispiel immer neue Millionenstädte auf kommunaler Ebene Lösungen für ihre Schwierigkeiten finden. Diese Entwicklung lässt sich bis zum einzelnen Menschen nachvollziehen: Die nächsten Antworten auf die Herausforderungen der Welt könnten sich stärker als früher durch die bessere Vernetzung von Individuen in vielen Ländern ergeben. In dieser neuen Welt wird es für den Einzelnen wichtiger, Verantwortung für sein Handeln zu übernehmen, auch wenn er nicht so reich ist wie der Philanthrop Bill Gates. Während der Umstürze in Ägypten oder Tunesien hat das im Jahr 2011 – auch mit der Hilfe modernster und mobiler Kommunikationstechnik – recht gut funktioniert.

So gesehen, hat sich die Welt genauso entwickelt, wie Steve Jobs es immer wollte: Anders denken („Think different") zahlt sich aus. Schließlich hatte doch schon das Baby auf dem Foto im New Yorker Javits Konferenzzentrum das Symbol der Friedensbewegung um den Hals hängen, damals, als Jobs im Sommer 1999 noch gesund und munter das neue iBook vorgestellt hat. Mit den Macs hat alles angefangen. Daraus hat Jobs eine Marke, geschaffen, die heute Massen anspricht und dennoch cool geblieben ist. Durch seinen überbordenden Erfolg mit iPhone, iPad und iPod hat er Macht: über technische Entwicklungen in der Informationstechnologie, über die Musikindustrie, über die Verlage – und ein wenig auch über uns. Das muss nichts Negatives sein. Denn die IT und das Silicon Valley werden voller Vielfalt und Kreativität bleiben. Und doch wird der Einfluss von Steve Jobs noch sehr, sehr lange zu spüren sein, auch dann, wenn er tatsächlich aus gesundheitlichen Gründen schon sehr bald nicht mehr an der Spitze seines Unternehmens stehen sollte. Apple ist für die Zeit nach ihm besser gerüstet als nach seinem ersten Abgang kurz nach der Vorstellung des „Ur-Mac". Jobs hat seine Mitarbeiter wieder und wieder zu Höchstleistungen angespornt; sie werden in den vergangenen Jahren verstanden haben, was ihn antreibt. Er hat mobile Computerplattformen geschaffen, die auf dem Markt noch lange eine entscheidende Rolle spielen werden. Auch das muss nichts Schlechtes sein: Denn Jobs hat nicht nur unseren Konsum gefördert, sondern auch unsere Kreativität herausgefordert.

Bill Gates und Steve Jobs mögen lange Rivalen gewesen sein. In ihrer Weise zu leben, sind sie aber beide der Empfehlung von Jobs vor den Studenten in Stanford gefolgt: Ihre hungrige, tollkühne Art hat unsere Welt verändert. Das allein hat sie längst unsterblich gemacht.

Anhang

Zeitleiste 1976 bis 2011

1976 Gründung von Apple Computer: Steven P. Jobs (damals 21 Jahre alt) und Stephen G. Wozniak (26 Jahre) produzieren die erste funktionstüchtige PC-Platine – den legendären Apple I.

1977 Markteinführung des Apple II.

1981 Eröffnung der Produktionsstätte in Cork/Irland – Beginn der Produktion für den europäischen Markt.

1983 LISA – der erste PC mit Mausführung wird vorgestellt.

1984 Präsentation des Macintosh mit einer grafischen Oberfläche, Tonausgabe und einem hochauflösenden Schwarz-Weiß-Bildschirm.

1985 Steve Jobs muss das Unternehmen verlassen.

1994 PowerPC – eine neue Rechnergeneration wird eingeführt.

1997 20. Unternehmensjubiläum, Kauf von Next Software, erneute Zusammenarbeit von Apple und Microsoft im Rahmen eines Kooperationsabkommens, Start der „Think different"-Kampagne, Steve Jobs kehrt zurück.

1998 iMac – der Internet PC von Apple mit seinem futuristischen Design verkauft sich mehr als eine Million Mal in den ersten sechs Monaten nach der Markteinführung. Es ist bis dahin der am besten verkaufte Rechner in der Geschichte von Apple.

1999 Das iBook kommt, der iMac – inzwischen in immer neuen Trendfarben erhältlich – wird allein im ersten Jahr über zwei Millionen Mal verkauft.

2000 Apple stellt den Power Mac G4 Cube vor, eine völlig neue Computerklasse, die vom Markt jedoch nicht angenommen wird.

2001 Das neue Betriebssystem OS X wird am 24. März ausgeliefert – und Steve Jobs macht keinen Hehl daraus, auf seiner Grundlage mehr als nur Personalcomputer betreiben zu wollen. Ausdrücklich spricht er auch von Mobiltelefonen. Mit dem digitalen Musikspieler iPod stellt Apple erstmals ein Produkt aus der Unterhaltungselektronik vor.

2002 Der iMac erhält einen Flachbildschirm und damit ein neues Design.

2003 Zum „Jahr der Notebooks" bringt Apple neue PowerBook-Modelle auf den Markt, und in den Vereinigten Staaten geht Apple mit dem iTunes Music Store an den Markt.

2006 Ab der vierten Generation des iMac setzt Apple auf Prozessoren von Intel.

2007 Das Mobiltelefon iPhone kommt auf den Markt.

2010 Steve Jobs präsentiert den Tabletcomputer iPad.

2011 Mit der iCloud will Apple seine Nutzer nun auch in die digitale Datenwolke „Cloud" bringen, mit der Daten zentral für viele Endgeräte auf Servern bei Apple vorgehalten und über das Internet zugänglich gemacht werden.

Vorstellung des iPad 2.

Apple überholt Exxon als wertvollstes Unternehmen.

Steve Jobs zieht sich im Alter von 56 Jahren krankheitsbedingt von der Spitze des Konzerns zurück und wechselt in den Aufsichtsrat. Sein Nachfolger wird sein bisheriger Stellvertreter Tim Cook.

Absatzzahlen von iPad, iPhone und iPod

iPad

Quartal	in Tausend
3/2010	3.270
4/2010	4.188
1/2011	7.331
2/2011	4.694
3/2011	9.246
Gesamt	**28.729**

iPhone

Quartal	in Tausend
3/2007	270
4/2007	1.119
1/2008	2.315
2/2008	1.703
3/2008	717
4/2008	6.892
1/2009	4.363
2/2009	3.793
3/2009	5.208
4/2009	7.367
1/2010	8.737
2/2010	8.752
3/2010	8.398
4/2010	14.102
1/2011	16.235
2/2011	18.647
3/2011	20.338
Gesamt	**128.956**

iPod

Quartal	in Tausend
1/2002	125
2/2002	57
3/2002	54
4/2002	140
1/2003	219
2/2003	80
3/2003	304
4/2003	336
1/2004	733
2/2004	807
3/2004	860
4/2004	2.016
1/2005	4.580
2/2005	5.311
3/2005	6.155
4/2005	6.451
1/2006	14.043
2/2006	8.526
3/2006	8.111
4/2006	8.729
1/2007	21.066
2/2007	10.549
3/2007	9.815
4/2007	10.200
1/2008	22.121
2/2008	10.664
3/2008	11.011
4/2008	11.052
1/2009	22.727
2/2009	11.010
3/2009	10.215
4/2009	10.177
1/2010	20.970
2/2010	10.885
3/2010	9.406
4/2010	9.051
1/2011	19.446
2/2011	9.017
3/2011	7.535
Gesamt	**314.554**

Quelle: Apple Deutschland

Mit dem iPod verbundene Stellen nach Land und Kategorie (im Jahr 2006)

	Produktion	Handel etc.	Entwicklung etc.	Gesamt
USA	30	7.789	6.101	13.920
China	11.715		555	12.270
Philippinen	4.500		250	4.750
Japan	700		1.140	1.840
Singapur	825		100	925
Korea	600		600	1.200
Thailand	750		50	800
Taiwan	70		270	340
Andere	0	4.825	300	5.125
Gesamt	**19.190**	**12.617**	**9.366**	**41.170**

Quelle: „Innovation and Job Creation in a Global Economy: The Case of Apple's iPod"
Greg Linden, Jason Dedrick, Kenneth L. Kraemer, Journal of International Commerce and Economics

Allein durch den iPod neu geschaffene Stellen (im Jahr 2006)

	USA	Nicht-USA	
Festplattenproduktion	0	2.200	China
		2.200	Philippinen
HDD Inputs	0	2.550	China
		2.550	Philippinen
		840	Japan
		800	Thailand
		800	Singapur
Flash Speicherchips	0	1.200	Korea
		20	China
Andere Chips	110	140	Taiwan
		25	Verschiedene
Leiterpaletten	0	600	China
Display: Panels und Module	0	900	Japan
Andere Zulieferungen	0	3.500	China
		100	Japan
		100	Taiwan
Endfertigung	0	3.400	China
		100	Taiwan
Apple-Ingenieure		700	USA
Apple-Manager	5.046	75	Singapur
		75	Verschiedene
weitere Apple-Mitarbeiter	1.554	75	Singapur
		75	Verschiedene
Vertrieb	150	150	Verschiedene
Fracht	250	250	Verschiedene
Apple Stores	1.785	200	Verschiedene
Andere Einzelhändler	3.675	3.675	Verschiedene
Dritte Online-Versender	650	650	Verschiedene
Gesamt	**13.920**	**27.250**	

Quelle: „Innovation and Job Creation in a Global Economy: The Case of Apple's iPod"
Greg Linden, Jason Dedrick, Kenneth L. Kraemer, Journal of International Commerce and Economics

Der Autor

Carsten Knop wurde am 10. Februar 1969 in Dortmund geboren. Während des Studiums der Betriebswirtschaftslehre an der Universität Münster hat er die meisten Semesterferien mit Vertretungen für Redakteure der „Westfälischen Rundschau" verbracht. Dem Studium folgte 1993 das Volontariat bei der Frankfurter Allgemeinen Zeitung. An die journalistische Ausbildung schloss sich 1995 die erste Redakteursstelle bei der „Börsen-Zeitung" an. Dort stand sehr schnell die Versetzung als Korrespondent nach Düsseldorf fest, erste Begegnung mit den neuen Mobilfunkunternehmen D2 (heute Vodafone) und E-Plus. 1996 die Rückkehr zur F.A.Z. in das Düsseldorfer Büro.

Nach drei Jahren Berichterstattung über die Unternehmen an Rhein und Ruhr zog er im Mai 1999 als Wirtschaftskorrespondent nach New York, seither enger Begleiter der Firma Apple. Im April 2001 Umzug nach San Francisco, um die Wirtschaft an der Westküste der Vereinigten Staaten und besonders das Geschehen rund um die Apple-Zentrale im „Silicon Valley" zu beobachten. Im Frühjahr 2003 Rückkehr in die Frankfurter Zentrale. Dort ist Knop bis Ende 2006 unter anderem für die Informationstechnologie und die Seite „Menschen und Wirtschaft" zuständig, hat also weiterhin laufend mit Apple und seinen Wettbewerbern zu tun. Seit Anfang 2007 verantwortlicher Redakteur für die Unternehmensberichterstattung und die Seite „Die Lounge". Er ist verheiratet und hat zwei Kinder.